Hitzefrei

Agnes Prus Yelda Yilmaz

Hitzefrei

Vegetarische Küche für heiße Tage

DIE BESTEN REZEPTE ZUM ABKÜHLEN

DUMONT

Inhalt

Der Duft von Melone

oder: Summer in the Dachgeschoss

Nichts ruft so laut »Der Sommer ist da!« wie die erste Wassermelone: Krachend springt ihre Schale unter dem Messer auf und ihr herrlicher Duft erfüllt die Küche und uns mit Frische und sonnigen Aussichten. Herrlich süß und irre saftig, ein Genuss wie das Eintauchen in einen glasklaren See.

Als Sommerkind (ich bin im August geboren) hege ich von jeher eine tiefe Sympathie für die warme Jahreszeit, und reichlich Sonnenschein war mir immer schon eine Quelle der Freude und Energie. Dass in unseren Breiten seit einigen Jahren die Temperaturen über Tage und Wochen fast südländisch hoch bleiben, strengt mich daher nicht allzu sehr an, selbst in unserer Dachgeschosswohnung. Doch ich merke, wie sich die Art meiner Mahlzeiten dadurch ändert und das Bedürfnis steigt, Hunger und Durst gleichzeitig zu stillen.

Man kann sich zwar nicht ausschließlich von Wassermelone ernähren, aber zum Glück gibt es wunderbare Alternativen. So stehen Salate nahezu täglich auf dem Speiseplan, im Grunde könnte ich schon morgens damit anfangen. Mittagsmahlzeiten auf Basis von schnell garenden Grundzutaten sind im Sommer idealerweise im Nullkommanichts fertig. Was bei mir erlaubt ist, ist ausgiebiges Schnippeln von Gemüse und Obst, damit habe ich selbst bei Hitze keine Probleme. Aber wenn beim Garen Zeit gespart werden kann, dann unbedingt. Daher setzt der Backofen fast Spinnweben an, denn auf zusätzliche Wärmequellen verzichte ich gerne. Höchstens kurz darf er mal laufen, und das nur selten. Stattdessen verlagert sich das Essen und manchmal auch die Zubereitung oft nach draußen, ob beim Grillen, Picknicken oder im Biergarten (in »unseren« darf man eigene Speisen mitbringen).

Ein süßes i-Tüpfelchen darf nicht fehlen, da greifen wir gerne zu gekühlten Naschis wie Eis, Sorbet oder Frozen Yogurt. Denn Abkühlung ist jetzt die Devise. Und dieser folgt in den meisten Rezepten auch dieses Buch: saftige, erfrischende Speisen, die an heißen Tagen Freude machen, clever gewürzt statt lang geschmort. Eine Handvoll Gerichte heizen mit Chili und Co. kurz ein bisschen ein, denn auch das kann Vorteile haben, doch den meisten ist gemein, erhitzten Gemütern kühlenden Genuss zu verschaffen. Ich habe dafür ganz oft über den Tellerrand geschaut, viele Inspirationen in sonnenverwöhnten Ländern gefunden, und vor allem habe ich Berge von knackigem Gemüse, süßem Sommerobst und wundervoll aromatischen Kräutern verarbeitet. Die bunte Pracht hat mich in der heißen Jahreszeit beglückt, und ich habe mit ihr den Sommer hochleben lassen. Vor allem mit der Wassermelone.

Cool & knackig

Aromatische Sommersalate für den Frischekick

Wassermelonensalat mit Feta und Pistazien

Kühle, reife Wassermelone – was für ein erfrischender Segen! Zum Glück lässt sie sich herrlich kombinieren und geht, Hand in Hand mit Feta, sogar als Mittagessen durch. Gewürznelken wirken vielleicht etwas schräg, verleihen dem Salat aber eine schöne Tiefe.

FÜR 4–6 PORTIONEN

Für das Dressing:
60 ml Olivenöl
Saft von 1 Zitrone
¼ TL gemahlene Gewürznelken
Salz
frisch gemahlener Pfeffer
1 rote Zwiebel

Für den Salat:
700 g Wassermelonenfruchtfleisch (ca. 1100 g ungeschält)
3 Snackgurken
1 große Handvoll glatte Petersilienblätter
1 große Handvoll Minzeblätter

Außerdem:
150 g Feta
40 g ungesalzene Pistazienkerne, geröstet

— Für das Dressing Öl, Zitronensaft, Gewürznelken, ¼ TL Salz und etwas Pfeffer in einem Schälchen verquirlen. Die Zwiebel schälen, in Ringe schneiden und im Dressing marinieren.

— Die Wassermelone in 1–1,5 cm dicke Scheiben und dann in Dreiecke schneiden. In eine Salatschüssel oder auf eine Servierplatte geben. Die Gurken längs halbieren. Wenn viele Kerne darin sind, diese mit einem Teelöffel herauslösen. Die Gurken in 1 cm dicke Scheiben schneiden und zur Melone geben. Von den Kräutern ein paar Blätter zum Bestreuen beiseitelegen. Den Rest grob zerzupfen oder schneiden und unter den Melonensalat mischen.

— Das Dressing mitsamt der Zwiebel auf dem Salat verteilen. Den Feta grob zerbröseln und die Pistazien hacken. Beides auf den Salat streuen. Zum Schluss die Kräuterblätter daraufgeben und den Salat sofort servieren.

TIPP

Besonders erfrischend wird der Salat, wenn die Melone vor der Verarbeitung ein paar Stunden im Kühlschrank ruhen durfte.

Tomatensalat mit Koriander und Mozzarella

Der Insalata Caprese – hierzulande als »Tomate-Mozzarella« bekannt – bleibt für mich untrennbar mit Sommer verbunden. Als kleine Überraschung begleiten hier Koriandersamen den italienischen Klassiker: Die Kügelchen bersten vor Aroma und sollen kühlend wirken.

FÜR 2 PORTIONEN

2 Schalotten
Abrieb und Saft von 1 Bio-Zitrone
1 TL Zucker
Salz
¼ TL schwarze Pfefferkörner
3 EL Olivenöl
1 EL Koriandersamen
400 g bunte Tomaten
1 Handvoll Basilikumblätter
125 g Büffelmozzarella

Außerdem:
Meersalzflocken und frisch gemahlener Pfeffer zum Bestreuen
Balsamico-Creme zum Beträufeln

— Die Schalotten schälen, in Ringe schneiden und in ein kleines Sieb geben. Mit etwas kochendem Wasser übergießen, kalt abschrecken, abtropfen lassen und in ein Schälchen geben. Mit Zitronenabrieb und -saft, Zucker sowie ¼ TL Salz mischen und 10 Minuten marinieren.

— Die Pfefferkörner im Mörser andrücken. Mit Öl und Koriandersamen in einer kleinen Pfanne bei schwacher Hitze erwärmen, bis die Samen knacken. Vom Herd nehmen und bis zur Verwendung ziehen lassen.

— Die Tomaten je nach Größe und Vorliebe halbieren, vierteln oder in Scheiben schneiden. Die marinierten Schalotten, die Hälfte der Basilikumblätter und die Hälfte des Korianderöls unterheben. Auf eine Servierplatte geben. Den Mozzarella in Stücke zupfen und mit den restlichen Basilikumblättern, dem Korianderöl und den Salzflocken auf den Tomaten verteilen. Alles mit Balsamico-Creme beträufeln, pfeffern und servieren.

TIPP

Zwei Scheiben italienisches Weißbrot mit Olivenöl beträufeln und in einer Grillpfanne von beiden Seiten rösten. Die Brotscheiben mit der Schnittfläche einer halben Knoblauchzehe abreiben (behutsam, es schmeckt recht intensiv), halbieren und zum Salat reichen.

Kräutersalat mit Avocado-Bohnen-Hummus

Alle Zutaten für dieses superaromatische Gericht bekommt man in hervorragender Qualität im türkischen Supermarkt. Besonders wenn es um Petersilie und Minze geht, ist das dortige Angebot an Frische und Üppigkeit kaum zu toppen.

FÜR 4 PORTIONEN

Für den Salat:
4 EL Bulgur
Salz
½ großer oder 1 kleiner Granatapfel
60 g Petersilienblätter (ca. ½ großer Bund aus dem türkischen Supermarkt)
40 g Minzeblätter (ca. ½ großer Bund aus dem türkischen Supermarkt)
20 g Basilikumblätter (ca. 1 Bund)
2 Frühlingszwiebeln
1 kleine Handvoll Rosinen

Für das Avocado-Bohnen-Hummus:
265 g weiße Riesen- oder Cannellini-Bohnen (Dose)
2 reife Avocados
Abrieb und Saft von 1 Bio-Zitrone
1 ½ EL Tahini
1 gestr. TL gemahlener Kreuzkümmel
½ TL gemahlener Koriander
Salz
2 Knoblauchzehen
1 EL Olivenöl

Für das Dressing:
60 ml Olivenöl
Abrieb und 40 ml Saft von 1 Bio-Zitrone
2 TL Honig oder Agavendicksaft
2 TL Granatapfelsirup
1 TL Salz
je ¼ TL gemahlener Zimt, Koriander, Kreuzkümmel und Kardamom

— Für den Salat den Bulgur nach Packungsanweisung in einem kleinen Topf in kochendem Salzwasser garen. Vom Herd nehmen und abkühlen lassen.

— Inzwischen für das Hummus Bohnen, Avocadofruchtfleisch, Zitronenabrieb und -saft, Tahini, Gewürze und 4 EL Wasser pürieren. Knoblauch hineinreiben, Öl zugeben und alles verrühren. Bis zur Verwendung abgedeckt kalt stellen.

— Für den Salat die Granatapfelkerne herauslösen und in eine Salatschüssel geben. Die Kräuter mit einem scharfen Messer (wichtig, um sie nicht zu quetschen!) hacken und in die Schüssel geben. Die Frühlingszwiebeln in feine Ringe schneiden und mit Rosinen und Granatapfelkernen unter die Kräuter mischen. Abgekühlten Bulgur ebenfalls unterheben.

— Für das Dressing alle Zutaten gründlich verquirlen und zum Salat geben. Pro Portion ein Viertel des Hummus auf einen flachen Teller streichen und Kräutersalat darauf anrichten.

Gurken-Cantaloupe-Salat mit Minze-Joghurt

Das Zeitfenster für richtig gute Cantaloupe-Melonen ist nicht groß, deswegen sollte man unbedingt zugreifen, wenn sie angeboten werden. In der Regel erscheinen sie Anfang August bei uns. Die reifen Exemplare duften übrigens am Stielende aromatisch, also keine Scheu und losschnuppern!

FÜR 4 PORTIONEN

Für den Minze-Joghurt:
½ Snackgurke
Salz
200 g cremiger Naturjoghurt
10 Minzeblätter
1 Dattel, entsteint
1 kleine Knoblauchzehe
Abrieb und 1 TL Saft von ½ Bio-Zitrone
½ TL Honig
1 EL Olivenöl
frisch gemahlener Pfeffer

Für den Salat:
1 reife Cantaloupe-Melone (ca. 900 g)
6 ½ feste Snackgurken
ca. 15 Basilikumblätter
3 EL frische Dillspitzen (ca. 7 g)
2 EL Olivenöl
2 EL Zitronensaft
1–2 TL Honig
½ TL Pul Biber (alternativ andere Chiliflocken)
Salz

Außerdem:
50 g Walnüsse
1 EL Dillspitzen (ca. 2 g)
8 Basilikumblätter
2 Prisen Pul Biber

— Für den Joghurt die Gurke grob reiben, leicht salzen und zum Abtropfen in ein Sieb geben. Nach 5–10 Minuten gut ausdrücken und in einer Schale mit dem Joghurt vermischen. Die Minze fein schneiden, die Dattel würfeln und den Knoblauch fein reiben. Mit Zitronenabrieb und -saft, Honig und Öl zum Joghurt geben und unterrühren. Mit Salz und Pfeffer abschmecken. Bis zur Verwendung kalt stellen.

— Für den Salat die Melone halbieren und entkernen. Auf die Schnittfläche legen und längs (also entgegen der Streifen auf der Schale) in Scheiben schneiden. Diese von der Schale befreien und in unregelmäßige mundgerechte Stücke schneiden. In eine Schüssel geben. Die Gurken längs halbieren, ebenfalls in unregelmäßige Stücke schneiden und zur Melone geben. Das Basilikum grob zerzupfen und mit dem Dill zugeben.

— In einem Schälchen Olivenöl, Zitronensaft, Honig, Pul Biber und etwas Salz verrühren. Zum Salat geben, alles vermischen und abschmecken. Etwas vom Minze-Joghurt auf flache Teller streichen und den Salat darauf anrichten. Mit Walnüssen, Dill, Basilikum und Pul Biber bestreut servieren.

TIPP

Wer das Anschalten des Ofens an einem heißen Sommertag nicht scheut, kann die Nüsse darin bei 180 °C 5–10 Minuten rösten.

Kartoffelsalat mit Sommerkräutern und Radieschen

Als Kartoffelsalat-Enthusiastin ist es für mich nicht leicht, mich auf eine Variante zu beschränken. Die Wahl fiel auf dieses bunte Durcheinander, das von einem leicht cremigen Dressing zusammengehalten wird. Überraschend erfrischend für good old Knolle.

FÜR 4 PORTIONEN

Für den Salat:
800 g kleine festkochende Kartoffeln (Drillinge)
2 EL Kürbiskerne
2 EL Sonnenblumenkerne
200 g kleine Tomaten
6 Radieschen
1 Stange Staudensellerie
10 g Schnittlauch (ca. 10 Halme)
10 g Dill (ca. 2 Stängel)
10 g glatte Petersilie (ca. 2 Stängel)

Für das Dressing:
½ Knoblauchzehe
50 g Naturjoghurt
30 ml Olivenöl
3 TL Dijon-Senf
2 EL Honig
1 EL Zitronensaft
1 EL Apfelessig
Salz
frisch gemahlener Pfeffer

— Die Kartoffeln in einem Topf mit kaltem Wasser bedecken, aufkochen und in etwa 20 Minuten bissfest garen. Abgießen, abschrecken und pellen. Etwas abkühlen lassen. Inzwischen Kürbis- und Sonnenblumenkerne in einer kleinen Pfanne ohne Fett anrösten und vom Herd nehmen.

— Für das Dressing den Knoblauch sehr fein hacken. Alle Zutaten in einem Schälchen verquirlen und mit Salz und Pfeffer abschmecken. Die noch lauwarmen Kartoffeln in Scheiben schneiden, in eine Salatschüssel geben und mit der Hälfte des Dressings vermischen.

— Die Tomaten vierteln, die Radieschen und den Staudensellerie in Scheiben, den Schnittlauch in Röllchen schneiden. Dill und Petersilie hacken und alles mit dem restlichen Dressing zu den Kartoffeln geben. Den Salat mit Salz und Pfeffer abschmecken und mit den gerösteten Kernen bestreut servieren.

Couscous-Salat mit eingelegter Zitrone und Granatapfel

Eingelegte Zitronen werden gerne in der marokkanischen Küche verwendet. Die Schale passt gut zu Salaten, Reis- und Schmorgerichten und man kann mit ihr Kuchen aromatisieren. Das Fruchtfleisch verleiht Marinaden und Suppen eine pikante Note.

FÜR 4 PORTIONEN

Für das Dressing:
1 TL Koriandersamen
6 EL Olivenöl
1 EL Zitronensaft + etwas mehr
1 EL Granatapfelsirup + etwas mehr
Salz
frisch gemahlener Pfeffer

Für den Salat:
250 g Couscous
Salz
¼ TL Kreuzkümmel
1 EL Olivenöl
50 g Mandelblättchen
1 Granatapfel
30 g Minze (ca. ½ Bund)
30 g glatte Petersilie (ca. ½ Bund)
½ eingelegte Zitrone (orientalischer Lebensmittelladen)
1 Handvoll Pistazienkerne

Außerdem:
150 g Feta

— Für das Dressing die Koriandersamen in einer kleinen Pfanne ohne Fett anrösten. Im Mörser zerstoßen. Mit Olivenöl, Zitronensaft und Granatapfelsirup vermischen und mit Salz und Pfeffer abschmecken.

— Für den Salat den Couscous mit ½ TL Salz, Kreuzkümmel und Öl in eine Schüssel geben. Nach Packungsanweisung mit kochendem Wasser übergießen und abgedeckt ruhen lassen. Anschließend mit einer Gabel auflockern und abkühlen lassen.

— Inzwischen die Mandelblättchen in einer Pfanne ohne Fett goldbraun anrösten und auf einem Teller abkühlen lassen. Die Granatapfelkerne herauslösen und die Kräuter fein hacken. Das Fruchtfleisch der eingelegten Zitrone entfernen, die Schale waschen und fein hacken. Die Pistazienkerne grob hacken.

— Mandelblättchen, Granatapfelkerne, Kräuter, eingelegte Zitrone und Pistazien zum Couscous geben und das Dressing dazugießen. Alles vermengen und mit Zitronensaft, Granatapfelsirup, Salz und Pfeffer abschmecken. Den Feta grob zerbröseln und über den Salat streuen.

Sommersalat mit Kirschen und Belugalinsen

Belugalinsen eignen sich hervorragend für Salate, denn sie behalten beim Kochen ihre knackige Form. Außerdem sind die kleinen Perlen wahre Protein- und Ballaststoffwunder und machen dieses frische Salätchen zu einer sättigenden Mahlzeit.

FÜR 4 PORTIONEN

Für den Salat:
100 g Belugalinsen
Salz
300 g Kirschen
2 Romana-Salatherzen
100 g Rucola
2 reife Avocados

Für das Dressing:
100 ml Olivenöl
4 EL Apfelessig
2 EL Granatapfelsirup
2 EL Honig
Salz
frisch gemahlener Pfeffer

Außerdem:
150 g etwas festerer Ziegenfrischkäse
50 g Mandeln (alternativ Mandelblättchen)
20 g Schnittlauch (ca. ½ Bund; alternativ das Grün von feinen Frühlingszwiebeln)
ca. 20 g Thymian (4 Zweige)

— Für den Salat die Belugalinsen in einen Topf geben und mit 200 ml Salzwasser bedecken. Aufkochen und bei leicht aufgelegtem Deckel und schwacher Hitze in etwa 20 Minuten bissfest garen. Inzwischen für das Dressing alle Zutaten verquirlen und mit Salz und Pfeffer abschmecken.

— Die Linsen in ein Sieb gießen und kurz unter fließendem kaltem Wasser abschrecken. Abtropfen lassen und in eine Schüssel füllen. Etwas Dressing daraufträufeln und die Linsen abkühlen und durchziehen lassen.

— Die Kirschen halbieren, dabei den Stein entfernen. Sitzt er zu fest, die Frucht vierteln. Den Romanasalat längs vierteln und die Blätter vom Strunk lösen. Mit Rucola mischen und in eine Schüssel oder auf eine Servierplatte geben. Die Avocados halbieren, den Stein entfernen und das Fruchtfleisch in mundgerechte Stücke schneiden. Mit Kirschen, Linsen und übrigem Dressing unter den Salat mischen.

— Den Käse in kleine Stücke brechen und darauf verteilen. Die Mandeln sehr grob hacken, den Schnittlauch in Röllchen schneiden und die Thymianblätter abzupfen. Alles auf den Salat streuen und diesen sofort servieren.

Fattusch – libanesischer Gemüsesalat mit Brotchips

Eine prächtige Portion frisches Gemüse und knusprige Fladenbrotchips – dieser saftige Brotsalat ist ein schlaues Nümmerchen im Sommer, denn er stillt Hunger und Durst zugleich. Die Chips schmecken auch toll zu Dips, also am besten gleich mehr machen.

FÜR 4 PORTIONEN

Für das Dressing:
80 ml Olivenöl
80 ml Buttermilch
2 EL Rotweinessig
Abrieb von 1 Bio-Zitrone
2 TL Granatapfelsirup
1 TL Sumach
Salz
frisch gemahlener Pfeffer

Für die Brotchips:
2 dünne libanesische Fladenbrote (alternativ 2 Pita-Taschen)
2 EL Olivenöl
2 EL Za'atar

Für den Salat:
300 g Kirschtomaten
250 g Snackgurken
125 g Radieschen
1 rote Paprika
1 rote Zwiebel
20 g glatte Petersilie (ca. 4 Stängel)
10 g Minze (ca. 2 Stängel)
10 g Dill (ca. 2 Stängel)
2 Romana-Salatherzen

— Für das Dressing alle Zutaten verquirlen und kalt stellen. Den Backofen auf 180 °C vorheizen. Für die Chips die Brote mit Öl bestreichen (Pita-Taschen vorher öffnen), in Streifen (etwa 3 cm) schneiden und auf ein mit Backpapier belegtes Blech geben. Mit Za'atar bestreuen und in etwa 12 Minuten kross backen. Aus dem Ofen nehmen, abkühlen lassen und in mundgerechte Stücke brechen.

— Für den Salat die Tomaten vierteln, die Gurken schälen und fein würfeln. Die Radieschen vierteln und die Paprika fein würfeln. Die Zwiebel schälen und ebenfalls fein würfeln. Die Kräuter fein hacken (zarte Stängel können mitverarbeitet werden) und den Salat in feine Streifen schneiden. Alles in eine Schüssel geben und mit dem Dressing vermengen. Den Salat mit Salz und Pfeffer abschmecken. Kurz vor dem Servieren die Brotchips etwas zerkleinern und unter den Salat heben.

TIPP

Za'atar ist im türkischen Supermarkt erhältlich, man kann es aber auch ganz leicht selber machen: 2 EL Sesam in einer Pfanne ohne Fett anrösten. Auf einem Teller abkühlen lassen. 2 gestr. EL getrockneten Thymian im Mörser fein mahlen und mit 1 TL Sumach und ¼ TL Salz zum Sesam geben. Alles gut vermischen.

Ice, Ice, Baby

ODER: WELCHE ZUTATEN UND GERICHTE WIRKEN KÜHLEND?

Die Sonne brennt und die frische Brise lässt auf sich warten – natürlich sehnen wir uns jetzt nach herrlich kaltem Eis. Aber ist ein klirrend kaltes Gericht wirklich die Antwort auf Sommerhitze? Zum Glück nicht die einzige, wenn auch eine verlockende.

In der Traditionellen Chinesischen Medizin (TCM) und auch im Ayurveda wird die Theorie vertreten, dass Lebensmittel eine thermische Wirkung haben, also unseren Körper aufgrund ihrer Inhaltsstoffe erhitzen oder abkühlen. Und oft können gerade kühlende Obst-, Gemüse- und Kräutersorten im Sommer körbeweise geerntet werden. Wasserreiche Gurken, Melonen und Tomaten stehen ganz oben in den Erfrischungs-Top-Ten, aber auch saftige Pfirsiche und Nektarinen, Paprika, Zucchini und Blattgemüse versorgen uns mit Flüssigkeit und helfen uns dadurch, das innere Feuer immer wieder zu löschen.

Deswegen spielen an warmen Tagen auch Suppen und Salate eine wertvolle Rolle im sommerlichen Speiseplan. Und wenn hier süße und salzige Komponenten eine Liaison eingehen, bringen sie überdies die Elektrolyte nach übermäßigem Schwitzen wieder ins Gleichgewicht. Gut zu wissen: Die Wirkungen der Lebensmittel können sich gegenseitig ausbalancieren. Wer also gerne eine feurige Chili verwendet, kann mit kühlenden Zutaten gegensteuern.

Da unser Körper für den Verdauungsvorgang eine gewisse Temperatur erreichen muss, helfen an warmen Tagen sehr kalte Speisen nicht unbedingt. Empfehlenswerter sind leichte Kost und verdauungsfördernde Zutaten wie Knoblauch, Ingwer oder Dill. Sie sorgen neben Basilikum, Minze, Koriander und Petersilie außerdem für prächtiges Aroma und eine Extraportion Vitalstoffe. Auch die Zubereitungsart kann eine Auswirkung auf den Körper haben. Eine Theorie der TCM lautet, dass in gekochten Mahlzeiten viel Energie gespeichert ist, d.h., je länger und heißer ein Gericht gekocht wurde, desto mehr erwärmt es den Körper. Das empirisch zu überprüfen, lag zwar nicht in meiner Macht, aber eines weiß ich: Je kürzer etwas kocht, desto kühler bleibt die Küche. Darauf ein Eis!

COOLE FREUNDE – TOP FIVE

1. **Wasserreiches Obst und Gemüse**
2. **Salzig-süß-Kombis**
3. **Kühle Suppen und saftige Salate**
4. **»Verdauungsankurbler« (s. o.)**
5. **Kurze Garzeiten**

Kohlrabisalat mit Apfel und Limette

Manchmal vergesse ich, wie viel Freude ich an Kohlrabi habe. Und wenn ich ihn dann kaufe, kann ich ohne mit der Wimper zu zucken eine dicke Knolle alleine wegknabbern. Völlig legitim, aber man kann mehr aus dem knackigen Burschen rausholen, wie dieser Salat zeigt.

FÜR 4 PORTIONEN

Für das Dressing:
3–4 EL Sonnenblumenöl
Abrieb von 2 Bio-Limetten
Saft von 1–2 Limetten
1 TL Schwarzkümmelsamen
½ TL gemahlener Kreuzkümmel
Zucker
Salz

Für den Salat:
500 g Kohlrabi
2 säuerliche, knackige Äpfel
100 g Radieschen
2 Frühlingszwiebeln
½ grüne Chilischote

— Für das Dressing Sonnenblumenöl, Limettenabrieb und -saft, Schwarzkümmel, Kreuzkümmel, ½ TL Zucker und zwei große Prisen Salz in eine Salatschüssel geben und verquirlen.

— Den Kohlrabi schälen, in Scheiben (0,5 cm) und dann in Stifte schneiden. Die Äpfel ebenfalls in Stifte schneiden. Beides zum Dressing geben und untermischen. Die Radieschen in Stifte, die Frühlingszwiebeln schräg in Ringe und die Chili in feine Streifen schneiden. Ebenfalls unterheben und den Salat mit Salz und Zucker abschmecken. Sofort servieren.

TIPP

Für eine Extraportion Protein kann der Salat mit 1 EL gerösteten Sonnenblumenkernen bestreut werden.

Lauwarmer Bohnensalat mit Kartoffeln und Estragon

Ich sag's, wie es ist: Dieser Salat ist der Knaller. Kommt in seiner Schlichtheit so französisch elegant daher und ist dann aber so unverfroren senfig scharf, dass es einen umhaut. Aber auf die gute Art, die, von der man nicht genug bekommen kann.

FÜR 2–4 PORTIONEN

Für das Dressing:
3 geh. TL Dijon-Senf
2 EL weißer Balsamico-Essig
80 ml Olivenöl
1 Schalotte
1 kleine Knoblauchzehe
Salz
frisch gemahlener Pfeffer

Für den Salat:
250 g kleine festkochende Kartoffeln (Drillinge)
Salz
250 g grüne Bohnen
250 g Wachsbohnen (alternativ mehr grüne Bohnen)
1 EL Kapern

Außerdem:
10 g Estragon (2 Stängel; alternativ Kerbel)

— Für das Dressing Senf und Essig vermischen, dann das Öl unterrühren. Schalotte und Knoblauch schälen, fein hacken und zugeben. Das Dressing mit Salz und Pfeffer abschmecken.

— Für den Salat die Kartoffeln in einem Topf mit kaltem Salzwasser bedecken, aufkochen und in etwa 20 Minuten bissfest garen. Abgießen, abschrecken und quer halbieren. Die Bohnen in wenig Salzwasser 6 Minuten kochen, abgießen, abtropfen lassen und mit den Kartoffeln in eine Schüssel geben.

— Den Salat sofort mit dem Dressing mischen. Die Kapern unterheben und alles lauwarm abkühlen lassen. Den Estragon hacken und darüberstreuen und den Salat sofort servieren.

TIPP

Zusätzlich können 1 Handvoll halbierte Kirschtomaten oder 2 hart gekochte, geviertelte Eier zum Salat gegeben werden.

Krautsalat mit Edamame und Orangen-Ingwer-Dressing

Neben Kartoffel- und Nudelsalat spielt Krautsalat unbestritten eine der Hauptrollen im Reigen der Grillbeilagen. Hier bekommt er durch leuchtenden Rotkohl, grüne Edamame und frische Zitrusnoten einen Auftritt im schicken neuen Sommeroutfit.

FÜR 4–6 PORTIONEN

Für den Salat:
450 g Rotkohl
250 g Weißkohl
Salz
3 Möhren
100 g ungesalzene Erdnüsse, geröstet
3 Frühlingszwiebeln
30 g frischer Koriander (ca. ½ Bund)
100 g TK-Edamamekerne, aufgetaut

Für das Dressing:
1 rote Chilischote
1 Stück Ingwer (3,5 cm)
Abrieb und 100 ml Saft von 2 Bio-Orangen
4 EL Limettensaft
4 EL Ahornsirup
2 EL Sojasauce
4 EL Sonnenblumenöl
1 EL geröstetes Sesamöl

— Für den Salat beide Kohlsorten hobeln oder in feine Streifen schneiden. In eine Schüssel geben, leicht salzen, vermischen und bis zur weiteren Verarbeitung durchziehen lassen.

— Für das Dressing die Chili entkernen und hacken, den Ingwer schälen und reiben. Orangenabrieb und -saft, Limettensaft, Ahornsirup und Sojasauce in einem kleinen Topf auf die Hälfte einkochen. Lauwarm abkühlen lassen. Sonnenblumen- und Sesamöl, Ingwer und Chili untermischen. Zum Kohl geben, alles vermengen und 30 Minuten ziehen lassen.

— Inzwischen die Möhren schälen und in sehr feine Stifte schneiden oder raspeln. Die Erdnüsse grob hacken. Die Frühlingszwiebeln schräg in feine Ringe schneiden. Die Korianderblätter abzupfen und beiseitelegen, die Stängel fein hacken. Möhren, Frühlingszwiebeln, Korianderstängel, Edamame und die Hälfte der Erdnüsse zum Kohl geben und unterheben. Eventuell mit Salz nachwürzen.

— Den Rotkohlsalat auf einer Servierplatte anrichten oder in der Salatschüssel lassen. Mit den restlichen Erdnüssen und den Korianderblättern bestreut servieren.

TIPP

Falls nur Edamame mit Schote erhältlich sind (davon werden ca. 220 g benötigt), müssen diese etwa 10 Minuten in kochendem Salzwasser garen. Abgießen, in Eiswasser abschrecken und anschließend aus der Schote lösen.

Saftiger Fenchel-Trauben-Salat

Frischer Fenchel ist ja an sich schon herrlich knackig, aber wenn er ein kleines Eiswasserbad bekommt, saugt er sich noch mal richtig schön voll und macht diesen Salat zu einer besonders erfrischenden Wohltat.

FÜR 2–4 PORTIONEN

Für den Salat:
400 g Fenchel
Eiswürfel
200 g pralle grüne Trauben
100 g Snackgurken
20 g Minze (4 Stängel)
20 g Estragon (4 Stängel; alternativ Dill)
1 Handvoll Rucola
frisch gemahlener Pfeffer

Für das Dressing:
1 Schalotte
Abrieb und 2 EL Saft von ½ Bio-Zitrone + etwas mehr Saft
2 EL frisch gepresster Orangensaft
Salz
¼ TL Zucker
4 EL Olivenöl
2 EL Crème fraîche

Außerdem:
je ca. 8 Minze- und Estragonblätter zum Bestreuen

— Für den Salat den Fenchel halbieren und in feine Scheiben hobeln oder schneiden. Eine Schüssel mit Wasser und ein paar Eiswürfeln füllen und den Fenchel für 20 Minuten hineingeben.

— Inzwischen für das Dressing die Schalotte schälen und in feine Ringe schneiden. In einem Schälchen mit Zitronenabrieb und -saft, Orangensaft, ½ TL Salz und Zucker vermischen und etwa 10 Minuten marinieren.

— Die Trauben für den Salat halbieren, die Gurken längs halbieren und in dünne Scheiben schneiden. Minze- und Estragonblätter abzupfen und hacken. Den Fenchel aus dem Wasserbad heben und sehr gut abtropfen lassen; eventuell etwas trocken tupfen. Trauben, Gurken, Rucola, Kräuter und Fenchel in einer Salatschüssel vermengen.

— Olivenöl und Crème fraîche zum Dressing geben und unterrühren, alles über den Salat gießen und unterheben. Den Salat mit Salz, Pfeffer und Zitronensaft abschmecken. Mit Kräuterblättern bestreut servieren.

TIPP

1 Handvoll Walnüsse gibt dem Salat zwar eine etwas herbstliche Note, passt aber sehr gut dazu.

Selleriesalat mit Erdnüssen und Koriander

Staudensellerie ist nicht nur außerordentlich saftig, er besitzt nach der Traditionellen Chinesischen Medizin außerdem eine stark kühlende Wirkung und soll Hitze aus dem Körper leiten können. Ein wahres Erfrischungsstäbchen!

FÜR 2 PORTIONEN

Für das Dressing:
3 EL Reisessig
2 EL Sonnenblumenöl
1 EL Honig
1 EL süßsaure Chilisauce
1 EL geröstetes Sesamöl
2 große Prisen Salz

Für den Salat:
1 rote Zwiebel
4 Knoblauchzehen
1 EL Sonnenblumenöl
10 Stangen Staudensellerie
1 rote Chilischote
30 g frischer Koriander (ca. ½ Bund)
50 g ungesalzene Erdnüsse, geröstet

— Für das Dressing alle Zutaten in einem Schälchen verquirlen. Die Zwiebel für den Salat schälen, halbieren und längs in feine Streifen schneiden. Zum Dressing geben und darin 1 Stunde marinieren.

— Die Knoblauchzehen in Scheiben schneiden. Mit dem Öl in eine kleine Pfanne geben und bei mittlerer Hitze goldbraun rösten. Den Knoblauch mit einer Gabel herausheben und auf Küchenpapier abtropfen lassen. Das Öl aufheben.

— Den Staudensellerie schräg in Scheiben schneiden und in eine Schüssel geben. Die Chili längs halbieren, entkernen und schräg in Streifen schneiden. Die Korianderstängel nur ein wenig kleiner zupfen und zugeben. Das Dressing mit der Zwiebel und das Knoblauchöl zugeben und alles vermengen. Erdnüsse unterheben und den Knoblauch auf dem Salat verteilen. Sofort servieren.

TIPP

Für einen Glasnudelsalat eine weitere Portion Dressing zubereiten (ohne Zwiebel). 100 g Vermicelli etwas kleiner brechen und nach Packungsanweisung garen. Abschrecken, sehr gut abtropfen lassen, mit dem Dressing mischen und 15 Minuten ziehen lassen. 1 Handvoll Kirschtomaten halbieren. Den Salat wie oben beschrieben zubereiten und Nudeln und Tomaten unterheben.

Spinatsalat mit Beeren und karamellisierten Pekannüssen

Er ist schon ein kleiner Luxus, dieser Salat, denn Pekannüsse und Zuckerschoten sind nicht gerade günstig und das Karamellisieren macht man auch nicht alle Tage. Aber ich verspreche hoch und heilig, es lohnt sich!

FÜR 4 PORTIONEN

Für die karamellisierten Nüsse:
50 g Zucker
1 Prise Salz
75 g Pekannusskerne

Für das Dressing:
2 Schalotten
4 EL Himbeeressig
Salz
6 EL Olivenöl
1 TL Dijon-Senf
1 TL Ahornsirup
frisch gemahlener Pfeffer

Für den Salat:
125 g Babyspinat
125 g Rucola
175 g rote und grüne Radieschen-Sprossen
300 g Erdbeeren
60 g Zuckerschoten
1 Frühlingszwiebel
100 g Blaubeeren

— Für die Nüsse einen Bogen Backpapier auf ein hitzebeständiges Brett legen. Zucker mit 25 ml Wasser in eine kleine Pfanne geben und bei mittlerer Hitze braun karamellisieren. Salz und Nüsse zugeben, vermischen und alles auf das Backpapier gießen, sodass die Nüsse möglichst neben- und nicht aufeinanderliegen. Abkühlen lassen, dann grob hacken.

— Inzwischen für das Dressing die Schalotten schälen und in feine Ringe schneiden. In einem Schälchen mit Himbeeressig und etwas Salz vermischen und mindestens 10 Minuten marinieren. Dann die restlichen Zutaten zugeben und das Dressing mit Salz und Pfeffer abschmecken.

— Für den Salat Spinat, Rucola und Sprossen auf einer Servierplatte verteilen. Die Erdbeeren in Scheiben schneiden. Zuckerschoten und Frühlingszwiebel schräg in feine Streifen schneiden. Erdbeeren, Zuckerschoten, Frühlingszwiebel und Blaubeeren auf dem Salat verteilen. Alles mit dem Dressing beträufeln und mit Pekannüssen bestreuen. Sofort servieren.

TIPP

Für einen etwas gehaltvolleren Salat können auch 100 g fester Ziegenfrischkäse darübergebröselt werden.

Rettich-Radieschen-Salat mit Mandeldressing

Das Dressing für diesen Salat entstand in Anlehnung an Ajoblanco, eine spanische Suppe auf Basis von Mandeln. Diese sind nicht nur lecker und sättigend, ihnen wird außerdem nachgesagt, dass sie die Abwehrkräfte der Haut stärken – super also in sonnigen Sommern.

FÜR 4 PORTIONEN

Für das Dressing:
100 g weißes Mandelmus
8 EL Olivenöl
6 EL Zitronensaft
1 Knoblauchzehe
Salz
frisch gemahlener Pfeffer

Für den Salat:
350 g Rettich
4 kleine Ringelbeten
(alternativ Rote oder Gelbe Bete)
250 g Radieschen
1 säuerlicher Apfel (alternativ 1 knackige Birne)
1 TL Zitronensaft

Außerdem:
1 Beet Radieschen-Kresse
3 EL Dillspitzen (ca. 7 g)
2 EL Sonnenblumenkerne

— Für das Dressing Mandelmus, Olivenöl, Zitronensaft und geriebenen Knoblauch glatt verrühren. Falls es zu dickflüssig ist, 2–4 EL Wasser untermischen. Mit Salz und Pfeffer abschmecken.

— Den Rettich und die Ringelbeten schälen. Zusammen mit den Radieschen in feine Scheiben schneiden oder hobeln. Den Apfel vierteln und quer in dünne Scheiben schneiden. Mit Zitronensaft beträufeln. Das Gemüse und den Apfel elegant überlappend oder bunt gemischt auf einer Servierplatte anrichten.

— Den Salat mit dem Dressing beträufeln. Die Kresse darauf verteilen und alles mit Dillspitzen und Sonnenblumenkernen bestreut servieren.

TIPP

Wer es etwas reichhaltiger mag, kann 1 Avocado in feine Spalten schneiden und mit dem Gemüse auf der Platte verteilen.

Meine 4 Lieblingsdressings

Ein schneller grüner Salat ist das i-Tüpfelchen vieler Sommermahlzeiten. Diese vier Dressings sorgen dafür, dass es nie langweilig wird.

Honig-Senf-Dressing

FÜR 4 PORTIONEN

3 TL Dijon-Senf
2 EL Weißweinessig
2 TL Honig
2 Prisen Salz
7 EL Olivenöl
frisch gemahlener Pfeffer
1 Schalotte (optional)

— Senf, Essig, Honig und Salz in einem Schälchen vermischen. Das Öl unter Rühren zugeben. Das Dressing mit Pfeffer abschmecken. Nach Geschmack eine Schalotte schälen, sehr fein würfeln und untermischen.

Miso-Ingwer-Dressing

Für 4–6 Portionen

1 kleine Knoblauchzehe
1 Stück Ingwer (1 cm)
6 EL Olivenöl
3 EL Sesamöl (ungeröstet)
2 EL Reisessig
2 EL Ahornsirup
2 EL Shiro Miso
2 EL Sojasauce
Chiliflocken
Salz

— Den Knoblauch schälen und sehr fein hacken. Den Ingwer ebenfalls schälen und fein reiben. Alle Zutaten mit 2 EL Wasser in ein Schälchen geben und gründlich verrühren. Mit Chiliflocken und Salz abschmecken.

Joghurt-Buttermilch-Dressing

Für 4–6 Portionen

10 g Kräuterblätter (Petersilie, Dill, Kerbel oder Schnittlauch)
250 ml Buttermilch
150 g Sahnejoghurt
Saft und Abrieb von ½ Bio-Zitrone
1 EL Mayonnaise
2 TL Dijon-Senf
Salz
frisch gemahlener Pfeffer

— Die Kräuter fein hacken. Alle Zutaten in eine Schüssel geben und mit einem Schneebesen glatt verrühren. Mit Salz und Pfeffer abschmecken.

Tahini-Dressing

Für 4 Portionen

1 Stück Ingwer (1 cm)
6 EL Tahini
2 EL Zitronensaft
2 EL Olivenöl
2 EL Sojasauce
2 EL flüssiger Honig
frisch gemahlener Pfeffer

— Den Ingwer schälen und fein reiben. Alle Zutaten in eine Schale geben und mit etwa 5 EL Wasser glatt verrühren. Eventuell mehr Wasser zugeben, bis die gewünschte Konsistenz erreicht ist. Das Dressing mit Pfeffer würzen.

Griechischer Bauernsalat mit Pasta

Griechenland bleibt für mich auf ewig mit genüsslichster Erholung und Sommerwonne verbunden, und ein griechischer Salat versetzt mich an heißen Tagen sofort in Urlaubsstimmung. Ergänzt durch Nudeln geht der Klassiker sogar als vollständige Mahlzeit durch.

FÜR 4 PORTIONEN

1 kleine rote Zwiebel
Saft von 1 Zitrone
Salz
500 g gemischte Tomaten
120 g kleine Nudeln
(z.B. Risoni, Ditalini, Mini-Farfalle)
200 g Snackgurken
1 grüne Spitzpaprika
60–70 g Kalamata-Oliven, entsteint
1 EL getrockneter Oregano
5 g Petersilienblätter (3–4 Stängel)
60 ml Olivenöl
frisch gemahlener Pfeffer
150 g Feta

Außerdem:
4 Bio-Zitronenspalten zum Garnieren

— Die Zwiebel schälen, in feine Ringe schneiden, mit 3 EL Zitronensaft und etwas Salz in einem Schälchen vermischen und 10 Minuten marinieren. Inzwischen die Tomaten je nach Größe vierteln oder halbieren. In ein Sieb geben und mit etwas Salz bestreuen. Ein paar Minuten abtropfen lassen, das intensiviert ihren Geschmack.

— Die Nudeln nach Packungsanweisung in Salzwasser bissfest garen, abgießen, abschrecken und abtropfen lassen. In eine Salatschüssel geben. Die Gurken längs halbieren und quer in Scheiben schneiden. Die Paprika in mundgerechte Stücke schneiden. Oliven quer halbieren. Das Gemüse mit Tomaten, Oregano und gehackter Petersilie zu den Nudeln in die Schüssel geben.

— Das Olivenöl zur Zwiebel geben, vermischen und über den Salat gießen. Alles gut vermengen und mit Zitronensaft, Salz und Pfeffer abschmecken. Feta grob zerbröseln und behutsam unterheben. Den Salat mit Zitronenspalten servieren.

TIPP

Bei der Tomatenwahl gibt es keine Beschränkungen – kleine, mittelgroße, gelbe, rote … Hauptsache schön reif. Zum Garnieren eignen sich 2 EL Petersilien- und Oreganoblätter wunderbar.

Brotsalat mit Mozzarella und Pfirsichen

Platt- oder auch Weinbergpfirsiche mag ich in diesem Salat sehr gerne, denn sie sind besonders aromatisch und süß. Das macht sie zu einem schönen Gegengewicht zum erfrischenden, aber deutlich säuerlichen Geschmack des Sauerampfers.

FÜR 4 PORTIONEN

Für das Dressing:
6 EL Olivenöl
Abrieb und 3 EL Saft von 1 Bio-Zitrone
2 TL Honig
Salz
frisch gemahlener Pfeffer

Für den Salat:
500 g Kirschtomaten
Salz
100 g fingerdicke Sauerteig- oder Weißbrotscheiben
1 Knoblauchzehe
Olivenöl zum Braten
frisch gemahlener Pfeffer
500 g Plattpfirsiche
1 Avocado
1 Frühlingszwiebel
250 g Mini-Mozzarellakugeln
100 g Babyspinat
50 g Rucola
20 g Basilikumblätter (ca. 1 Bund)
10 g Minzeblätter (ca. ½ Bund)
10 g Sauerampfer (ca. ½ Bund)

— Für das Dressing Olivenöl, Zitronenabrieb und -saft, Honig, ½ TL Salz und etwas Pfeffer verquirlen. Die Tomaten für den Salat halbieren, salzen und in ein Sieb geben. Bis zur weiteren Verwendung abtropfen lassen.

— Das Brot toasten. Den Knoblauch quer halbieren und eine Seite der Brotscheiben mit der Schnittfläche einer Knoblauchhälfte abreiben. Mit der zweiten Knoblauchhälfte eine Servierschale innen einreiben. Die Knoblauchhälften für ein anderes Rezept verwenden. Das Brot in mundgerechte Stücke reißen. Etwas Öl in einer Pfanne erhitzen und die Brotstücke darin rundum goldbraun rösten. Mit einer Prise Salz und Pfeffer würzen, vom Herd nehmen und abkühlen lassen.

— Die Pfirsiche achteln. Die Avocado halbieren, den Stein entfernen und das Fruchtfleisch in schmale Spalten schneiden. Die Frühlingszwiebel fein schneiden. Die Mozzarellakugeln abgießen und abtropfen lassen.

— Spinat, Rucola, Kräuter und Frühlingszwiebel in die vorbereitete Servierschale geben und behutsam vermengen. Tomaten, Pfirsiche, Avocado, Mozzarella und Röstbrot darauf verteilen. Den Salat mit dem Dressing beträufeln, etwas Pfeffer darüberstreuen und das Ganze sofort servieren.

Bunter Glasnudelsalat mit karamellisiertem Tofu

Ich gebe zu, für diesen Salat muss man ein paar Extraschritte gehen und einen Trip zum Asialaden einplanen. Dafür gibt's dann aber auch das volle Aromapaket: frische Kräuter und knackiges Gemüse, Limette und Zitronengras. Hallöchen Lebensgeister!

FÜR 2–4 PORTIONEN

Für das Dressing:
1 Stängel Zitronengras
1 kleine Knoblauchzehe
50 ml Sojasauce
50 ml Erdnussöl
40 ml Limettensaft
2 EL Reisessig
2 EL brauner Zucker

Für den Salat:
200 g Tofu
1 große Möhre
Eiswürfel
100 g Glasnudeln (Vermicelli)
½ rote Paprika
1 kleine Handvoll Zuckerschoten
2 schlanke Frühlingszwiebeln
1 Snackgurke
½–1 rote Chilischote
1 Handvoll Sprossen (z.B. Mungobohnen- oder Alfalfa-Sprossen)
je 1 kleine Handvoll Thai-Basilikum-, Minze- und Korianderblätter
2 EL Erdnussöl
1 große Prise brauner Zucker

Außerdem:
4 Bio-Limettenspalten zum Garnieren

— Für das Dressing den weißen Teil des Zitronengrases und den Knoblauch fein reiben und in eine Schale geben. Die restlichen Zutaten mit einem Schneebesen unterrühren, bis sich der Zucker aufgelöst hat.

— Den Tofu für den Salat in kleine Würfel schneiden, trocken tupfen und mit der Hälfte des Dressings in eine Schüssel geben. Behutsam pressen, damit er sich vollsaugt, dann darin 20 Minuten marinieren.

— Inzwischen die Möhre schälen und in feine Streifen schneiden. Eine Schüssel mit Wasser und Eiswürfeln füllen und die Möhre für 15–20 Minuten hineingeben. Die Nudeln nach Packungsanweisung garen, abgießen, abschrecken und abtropfen lassen.

— Paprika und Zuckerschoten längs in feine Streifen und Frühlingszwiebeln schräg in Ringe schneiden. Gurke erst längs in Scheiben, dann in Stifte, Chili in Ringe schneiden. Gemüse, Sprossen, Kräuter und Glasnudeln in eine Schüssel geben.

— Den Tofu im Erdnussöl in einer Pfanne rundum braun anbraten, 2 EL Marinade zugeben und verkochen lassen. Den Zucker zugeben und unter Rühren karamellisieren lassen. Den Tofu auf Küchenpapier abtropfen lassen. Das restliche Dressing unter den Salat heben. Nach Geschmack die übrige Marinade vom Tofu zugeben. Den Glasnudelsalat mit Tofu und Limettenspalten servieren.

Quick & easy

Kleine Sommergerichte, bunt gemischt und schnell gekocht

Zitronen-Linguine mit Kirschtomaten und Rucola

Jede Wette, dass diese sonnige Pasta ins Standardrepertoire aufgenommen wird: wunderbar cremig und unglaublich frisch zugleich, und darüber hinaus ratzfatz aufgetischt. Die beste Ansage, wenn das Leben uns Zitronen gibt.

FÜR 4 PORTIONEN

400 g Linguine
Salz
300 g Sahne
Abrieb von 2 Bio-Zitronen
3 Frühlingszwiebeln
1 kleine Handvoll Rucola
25 g Basilikumblätter (ca. 1 Bund)
10 g Minzeblätter (ca. ½ Bund)
300 g Kirschtomaten
Saft von 1–1 ½ Zitronen
50 g Mascarpone
100 g Parmesan
grob zerstoßener Pfeffer

Außerdem:
1 Handvoll Pinienkerne, geröstet
4 Bio-Zitronenspalten zum Garnieren (optional)

— Die Linguine nach Packungsanweisung in reichlich Salzwasser bissfest garen. Inzwischen die Sahne mit dem Zitronenabrieb in einem Topf erhitzen. Abdecken und vom Herd nehmen. Die Frühlingszwiebeln in Ringe schneiden. Rucola und Kräuter hacken, die Tomaten halbieren.

— Die Linguine in ein Sieb abgießen, dabei 50 ml Kochwasser auffangen. Die Zitronensahne in den Nudeltopf gießen; Zitronensaft von einer Zitrone, Kochwasser und Mascarpone zugeben und erhitzen. Linguine und 80 g geriebenen Parmesan zufügen und verrühren. Mit Salz, Pfeffer und nach Belieben etwas mehr Zitronensaft abschmecken.

— Kräuter, Rucola und Tomaten unterheben und die Pasta mit restlichem geriebenem Parmesan, Pinienkernen und nach Belieben ein bisschen mehr Pfeffer bestreuen. Mit Frühlingszwiebelringen und nach Wunsch mit Zitronespalten garniert servieren.

TIPP

Unter die Zitronen-Linguine kann man 400 g grünen Spargel mischen. Dafür den Spargel schräg in mundgerechte Stücke schneiden und kurz in Olivenöl anbraten oder für die letzten 2–3 Minuten zu den Nudeln ins Kochwasser geben und mitgaren.

Cilbir mit knackigem Gemüse und Kräutern

Cilbir, oder genauer, die Idee, Joghurt und Eier zu kombinieren, fand ich zuerst befremdlich. Bis ich das türkische Gericht probiert habe. Das funktioniert so unglaublich gut! Das Duo wird zusammengehalten von Chiliöl, das durch den Sesam etwas knusprig wird.

FÜR 2 PORTIONEN

Für das Chili-Sesam-Öl:
1 große Knoblauchzehe
2 EL Olivenöl
½ TL Sesam
½ TL schwarzer Sesam
1 TL Pul Biber (oder andere Chiliflocken)
2 EL Butter
Salz

Für den Joghurt:
1 kleine Knoblauchzehe
10 g Dill (2 Stängel)
10 g glatte Petersilie (2 Stängel)
300 g Sahnejoghurt
Salz
frisch gemahlener Pfeffer

Außerdem:
2–4 Radieschen
1 Snackgurke
2 g Schnittlauch (2 Halme)
2–4 Eier
1 EL Dillspitzen (ca. 2 g)
Sesam zum Bestreuen (optional)

— Den Knoblauch in Scheiben schneiden. Das Öl in einer kleinen Pfanne erhitzen und Sesamsorten darin 2 Minuten braten. Knoblauch und Pul Biber bei schwacher Hitze mitrösten, bis der Knoblauch goldbraun ist. Butter und Salz unterrühren. Vom Herd nehmen. Für den Joghurt den Knoblauch fein reiben und die Kräuter fein hacken. Alle Zutaten verrühren und kalt stellen. Radieschen und Gurke in feine Scheiben, Schnittlauch in Ringe schneiden.

— Wasser in einen breiten Topf füllen (es sollte mind. 10 cm hoch stehen), salzen und zum Kochen bringen. Mit einem Löffel rühren, sodass ein Strudel entsteht. Die Eier einzeln in Tassen aufschlagen und je ein Ei in die Mitte des Strudels gleiten lassen. Das Wasser sollte nur leicht köcheln. Die Eier 3–4 Minuten pochieren und mit einem Schaumlöffel herausheben. Auf Küchenpapier abtropfen lassen.

— Den Joghurt in Schalen füllen, eine Mulde in die Mitte drücken und die Eier hineinsetzen. Mit Chili-Sesam-Öl beträufeln. Radieschen und Gurke auf den Joghurt legen. Mit Schnittlauch, Dill und eventuell Sesam bestreuen.

TIPP

Wer mag, kann das rohe Ei in ein feines Sieb geben und den flüssigen Teil des Eiweißes ablaufen lassen. Dadurch bekommt das pochierte Ei eine klar umrissene Oberfläche.

Kartoffel-Tortilla mit Zucchini und Oliven

Wohlwissend, dass der verlockende Duft das Warten schwer macht, kann ich dennoch nur empfehlen, die fertige Tortilla 15–20 Minuten abkühlen zu lassen. Die Aromen treten dann deutlicher hervor, die Konsistenz wird etwas fester und man verbrennt sich nicht die Schnute.

FÜR 2 PORTIONEN

2 kleine Zucchini (200 g)
500 g kleine festkochende Kartoffeln (Drillinge)
7–8 EL Olivenöl
Salz
1 Zwiebel
2 Knoblauchzehen
10 schwarze Oliven, entsteint
4 Eier
1 ½ TL getrockneter Thymian
1 gestr. TL getrockneter Oregano
frisch gemahlener Pfeffer

Außerdem:
je 1 EL Thymian- und Oreganoblätter zum Bestreuen

— Zucchini und Kartoffeln in feine Scheiben schneiden (Zucchini 3 mm, Kartoffeln 5 mm). In einer großen Pfanne 2 EL Olivenöl erhitzen und die Zucchini darin etwa 2 Minuten von beiden Seiten scharf anbraten. Am besten in zwei Portionen arbeiten, damit die Scheiben möglichst nebeneinanderliegen. Aus der Pfanne nehmen. In derselben Pfanne 3–4 EL Olivenöl erhitzen und die Kartoffeln darin kurz bei starker Hitze rundum anbraten. Mutig salzen, die Hitze reduzieren und die Kartoffeln 10 Minuten garen.

— Inzwischen Zwiebel und Knoblauch schälen und fein hacken. Die Oliven in Scheiben schneiden. Die Eier mit Kräutern, Salz und Pfeffer verquirlen. Anschließend Zwiebel und Knoblauch zu den Kartoffeln geben und 5 Minuten mitgaren. Mit Pfeffer würzen, vom Herd nehmen und etwas abkühlen lassen. Den Backofengrill vorheizen.

— Kartoffeln und Zucchini unter die Eier heben. In einer ofenfesten Pfanne 2 EL Öl erhitzen und die Mischung hineingeben. Mit Oliven bestreuen und bei schwacher Hitze stocken lassen, bis sich der Rand der Tortilla lösen lässt und die Unterseite gebräunt ist. In den Ofen stellen und etwa 5 Minuten garen. Wenn die Tortilla in der Mitte gestockt ist, herausnehmen, mindestens 5 Minuten ruhen lassen und mit Kräutern bestreut servieren.

Schnelle Möhren-Kichererbsen-Bratlinge mit Raita

Joghurtbasierte Dips gehören aufgrund ihrer kühlenden Eigenschaften in vielen Länderküchen zum sommerlichen Standardrepertoire. In Indien und Pakistan ist es Raita. Sie begleitet oft scharfe Speisen und hält deren Feuer in Schach.

FÜR 12 STÜCK

Für die Raita:
½ Schalotte
2 TL Limettensaft
80 g Snackgurke
200 g Sahnejoghurt
7 g Minzeblätter (ca. 5 Stängel)
5 g Korianderblätter (3–4 Stängel)
½ TL gemahlener Kreuzkümmel
½ TL gemahlener Koriander
1 EL Olivenöl
Salz
frisch gemahlener Pfeffer

Für die Bratlinge:
300 g Möhren
1 ½ Schalotten
½–1 grüne Chilischote
7 g Korianderblätter (ca. 5 Stängel)
2 Eier
110 g Kichererbsenmehl
½ TL Backpulver
1 ½ TL Salz

Außerdem:
Öl zum Braten
4 Bio-Limettenspalten zum Garnieren
je ca. 8 Minze- und Korianderblätter zum Bestreuen

— Für die Raita die Schalotte sehr fein hacken und mit dem Limettensaft vermischen. Einige Minuten marinieren. Die Gurke schälen und fein würfeln. Die Hälfte des Joghurts mit Kräutern und Gewürzen pürieren. Schalotte-Limetten-Mischung, restlichen Joghurt, Gurke und Olivenöl unterrühren und die Raita mit Salz und Pfeffer abschmecken. Bis zur Verwendung kalt stellen.

— Für die Bratlinge die Möhren grob raspeln. Die Schalotten schälen, längs halbieren und in Halbmonde schneiden. Die Chili entkernen und hacken. Möhren, Schalotten, Chili, gehackten Koriander und Eier vermengen. Kichererbsenmehl, Backpulver und Salz vermischen und unterrühren.

— In einer großen Pfanne reichlich Öl erhitzen. Mit einem Eiskugelportionierer etwas von der Bratlingmasse abstechen und in die Pfanne setzen. Die Bratlinge portionsweise in etwa 3 Minuten goldbraun braten, wenden und weitere 3 Minuten braten. Auf Küchenpapier abtropfen lassen. Die Bratlinge schmecken lauwarm sehr gut, aber wer mag, kann sie im Backofen bei 100 °C warm halten. Mit Raita, Limettenspalten und frischen Kräuterblättern servieren.

Süßkartoffel-Tacos mit Guacamole und Mango-Salsa

Tacos stehen bei uns fast wöchentlich auf dem Speiseplan, denn sie sind so schön nährend, gesund und dabei fröhlich bunt. Wer es handlicher mag, kann aus den Komponenten auch Wraps zubereiten, es sollten dann aber große Tortillas verwendet werden.

FÜR 10–12 STÜCK

Für die Mango-Salsa:
½ rote Zwiebel
Saft und Abrieb von 1 Bio-Limette
2 Mangos
25 g frischer Koriander (5 Stängel)
1 kleine Knoblauchzehe
½–1 Jalapeño
¼ TL Salz

Für die Guacamole:
½ rote Zwiebel
1 Knoblauchzehe
5 Radieschen
30 g frischer Koriander (ca. ½ Bund)
½–1 Jalapeño
2 kleine Avocados
2 EL Limettensaft
Salz
frisch gemahlener Pfeffer

Für die Tacos:
2 mittelgroße Süßkartoffeln
Olivenöl zum Braten
je 1 TL geräuchertes Paprikapulver, gemahlener Kreuzkümmel, getrockneter Oregano und Salz
2 Knoblauchzehen
240 g schwarze Bohnen (Dose)
½ TL Chiliflocken
ca. 1 EL Limettensaft
10–12 kleine Mais-Tortillas
1 Romana-Salatherz

— Für die Salsa die Zwiebel schälen, fein hacken und in einer Schüssel mit Limettenabrieb und -saft mischen. Das Fruchtfleisch der Mangos fein würfeln. Koriander, Knoblauch und Jalapeño hacken. Alles vermengen und salzen.

— Für die Guacamole die Zwiebel und den Knoblauch fein hacken. Radieschen fein würfeln, Koriander hacken und von beidem etwa 1 EL beiseitelegen. Die Chili entkernen und fein hacken. Avocados halbieren, entsteinen und das Fruchtfleisch mit einer Gabel grob zerdrücken. Alle Zutaten unterheben und die Guacamole mit Limettensaft, Salz und Pfeffer abschmecken.

— Die Süßkartoffeln waschen und in Würfel (1,5 cm) schneiden. Etwas Öl in einer großen Pfanne erhitzen und die Süßkartoffeln darin etwa 10 Minuten rundum anbraten. Paprikapulver, Kreuzkümmel, Oregano und Salz mischen und zugeben. Den Knoblauch schälen und dazupressen. Alles unter Rühren etwa 2 Minuten weiterbraten. Die Bohnen kurz mitgaren. Alles mit Chiliflocken und Limettensaft abschmecken und vom Herd nehmen.

— Die Mais-Tortillas nach Belieben im Backofen kurz erwärmen. Den Salat fein schneiden und die Guacamole mit Radieschenwürfeln und Koriander bestreuen. Die Tortillas mit Süßkartoffel-Bohnen-Mischung füllen und Salat, Guacamole und Mango-Salsa daraufgeben.

Botwinka – kalte Rote-Bete-Suppe

Als Barszcz, also heiße Suppe, schätzt man Rote Bete in Polen das ganze Jahr über. Wenn aber die ganz jungen Knollen mitsamt Blättern auf dem Markt erscheinen, wird die Gunst der Stunde genutzt und Botwinka zubereitet, eine willkommene Abkühlung im sonnigen Mai.

FÜR 4 PORTIONEN

1 Bund junge Rote Bete (unbedingt mit Grün)
500 ml Gemüsebrühe
400 g Kefir
400 g Schmand
3 EL Schnittlauchröllchen (ca. 7 g)
+ etwas mehr
3 EL Dillspitzen (ca. 7 g) + etwas mehr
2 Snackgurken
1 Knoblauchzehe
Salz
frisch gemahlener Pfeffer
1–2 TL Himbeeressig
(alternativ Rotwein- oder Apfelessig)

Außerdem:
2–4 Eier (optional)

— Die Rote-Bete-Knollen von den Stielen schneiden, schälen und in feine Würfelchen schneiden. Die Stiele fein schneiden. Die Blätter ebenfalls klein schneiden (es werden eventuell nicht alle gebraucht).
— Die Gemüsebrühe aufkochen. Rote-Bete-Würfel und -Stiele zugeben und in 10 Minuten bissfest garen. Blätter zufügen und 5 Minuten mitgaren. Die Suppe vom Herd nehmen und vollständig abkühlen lassen (damit das schneller geht, den Topf in eine Schüssel mit Eiswasser setzen).
— Kefir, Schmand und Kräuter zugeben. Eine Gurke grob, den Knoblauch fein reiben und beides zur Suppe geben. Mit Salz, Pfeffer und Essig würzen und im Kühlschrank gut durchkühlen lassen.
— Nach Belieben Eier in kochendem Wasser 8 Minuten garen. Herausnehmen, abschrecken und abkühlen lassen. Vor dem Servieren pellen und längs halbieren. Die zweite Gurke in feine Würfelchen schneiden.
— Die Suppe noch mal pikant abschmecken und in Schälchen gießen. Etwas Gurke und ein bis zwei Eihälften daraufsetzen. Mit Kräutern bestreut servieren.

Kühlende Wassermelonen-Gazpacho

Gazpacho, der unangefochtene Held der kalten Suppen, gehört wie kein anderes Gericht in dieses Buch. Mit Wassermelone an der Seite erfrischt die Kombi aus Tomaten, Gurke und Paprika besonders gut und bekommt eine liebliche Note.

FÜR 4 PORTIONEN

500 g Tomaten
550 g Wassermelonenfruchtfleisch (möglichst mit wenigen Kernen; ca. 700 g ungeschält)
1 rote Paprika
300 g Snackgurken
2 kleine Knoblauchzehen
½–1 rote Chilischote
14 große Basilikumblätter
2 Frühlingszwiebeln
2 EL Sherry-Essig
1 gestr. TL gemahlener Koriander
Salz

Außerdem:
8 schwarze Oliven, entsteint
Olivenöl zum Beträufeln

— Die Tomaten kreuzweise einritzen, kurz in kochend heißes Wasser geben, herausnehmen und abschrecken. Die Schale abziehen und das Fruchtfleisch in eine hohe Schüssel oder einen Mixer geben.

— Das Melonenfruchtfleisch grob würfeln und so viele Kerne wie möglich entfernen. Die Paprika entkernen, ein Viertel davon abschneiden und für die Garnitur kalt stellen, den Rest grob würfeln. Gurken und Knoblauch schälen und klein schneiden. Die Chili entkernen und ebenfalls klein schneiden. Zehn Basilikumblätter grob zerkleinern. Den weißen Teil der Frühlingszwiebeln klein schneiden.

— Melone, Paprika, Gurken, Knoblauch, Chili, Basilikum und Frühlingszwiebeln mit Essig und Koriander zu den Tomaten geben und alles fein pürieren. Mutig mit Salz würzen und die Suppe für mehrere Stunden kalt stellen.

— Vor dem Servieren die restliche Paprika klein würfeln und Frühlingszwiebelgrün in Ringe schneiden. Restliche Basilikumblätter fein hacken und die Oliven in feine Scheiben schneiden. Die Gazpacho in Schalen gießen und mit Paprikawürfeln, Frühlingszwiebelringen, Basilikum und Oliven bestreuen. Mit Olivenöl beträufelt servieren.

TIPP

Für eine etwas sämigere Konsistenz 1 Scheibe Weißbrot entrinden, mit etwas Wasser benetzen, ausdrücken und mitpürieren.

Bloody-Mary-Pasta mit Wasabi

Die Sommernachtsparty war prächtig, aber ein Ideechen zu lang? Dieses Pastagericht hilft garantiert wieder auf die Beine: Sättigend durch den schamlosen Gebrauch von doppelten Kohlenhydraten, herrlich würzig und mit munter machendem Kick.

FÜR 2 PORTIONEN

20 g altbackenes Weißbrot
(oder Panko-Brösel)
½ Knoblauchzehe
2 EL Olivenöl
5 g glatte Petersilienblätter (3–4 Stängel)
Salz
300 g Spaghetti
1 rote Zwiebel
1 Stange Staudensellerie
1 EL Butter
4 Knoblauchzehen
1 TL Chiliflocken
1 TL Zucker
50 ml Wodka
1 TL Wasabi-Paste
400 g gehackte Tomaten (Dose)
8 Kirschtomaten
ein paar Tropfen Tabasco
(alternativ Chilipulver)

— Das Weißbrot in einem Blitzhacker zu Bröseln verarbeiten oder fein hacken. Den Knoblauch ebenfalls fein hacken. In einer kleinen Pfanne 1 EL Öl erhitzen und die Brösel darin goldgelb anbraten. Den Knoblauch zugeben und mitrösten. Vom Herd nehmen, mit der gehackten Petersilie mischen und ein wenig salzen.

— Die Spaghetti nach Packungsanweisung in reichlich Salzwasser bissfest garen. Inzwischen die Zwiebel schälen und fein hacken. Den Sellerie fein würfeln.

— Die Butter mit dem restlichen Öl in einer großen Pfanne zerlassen und Zwiebel und Sellerie darin anschwitzen. Den Knoblauch hinzupressen, Chiliflocken zugeben und beides kurz mitbraten. Den Zucker darüberstreuen und karamellisieren lassen. Alles mit Wodka ablöschen und den Wasabi einrühren. Gehackte Tomaten, Kirschtomaten und 50 ml Pastawasser zugeben und die Sauce etwas einkochen lassen. Mit Tabasco und Salz pikant abschmecken.

— Die Spaghetti abgießen, abtropfen lassen und in die Sauce geben. Vermischen und auf tiefe Teller verteilen. Mit den Bröseln bestreut servieren.

Meine 4 Lieblingspestos

Pesto sollte man einfach aus dem Ärmel schütteln können, denn die aromatische Würzpaste rettet uns, wenn schnelle Sättigung vonnöten ist. Hier meine vier Lieblinge.

Rucola-Walnuss-Pesto

FÜR 4 PORTIONEN

2 Handvoll Rucola
50 g Walnusskerne
1 Knoblauchzehe
Abrieb von ½ Bio-Zitrone
2 EL geriebener Parmesan
100 ml Olivenöl
Salz
frisch gemahlener Pfeffer

— Den grob gehackten Rucola mit Walnüssen, Knoblauch, Zitronenabrieb und Parmesan im Mörser zerstoßen oder im Blitzhacker grob pürieren. Das Olivenöl untermischen und das Pesto mit Salz und Pfeffer kräftig abschmecken.

Avocado-Haselnuss-Pesto

FÜR 4 PORTIONEN

2 Avocados
60 g glatte Petersilie (ca. 1 Bund)
80 g Mascarpone
50 g Haselnusskerne
1 Knoblauchzehe
Abrieb und 4 EL Saft von 1 Bio-Zitrone
40 g Parmesan
Salz
frisch gemahlener Pfeffer

— Das Avocadofruchtfleisch mit grob gehackter Petersilie, Mascarpone, grob gehackten Haselnüssen, Knoblauch, Zitronenabrieb und -saft cremig pürieren. Den geriebenen Parmesan unterrühren und das Pesto mit Salz und Pfeffer abschmecken.

Tomaten-Pesto

FÜR 4 PORTIONEN

1 EL Pinienkerne
1 EL Kapern
100 g getrocknete Tomaten in Öl
2 Knoblauchzehen
2 g Thymianblätter (1–2 Zweige)
50 ml Olivenöl
50 g Parmesan
1 Prise Chilipulver

Außerdem:
evtl. Olivenöl zum Aufbewahren des Pestos

— Die Pinienkerne in einer Pfanne ohne Fett anrösten. Die Kapern abspülen. Pinienkerne, Kapern, Tomaten und Knoblauch im Blitzhacker zerkleinern. Gehackten Thymian, Öl, geriebenem Parmesan und Chilipulver unterrühren. Zum Aufbewahren das Pesto in ein sterilisiertes Glas füllen und mit einer Ölschicht bedecken. Zum Anrichten die Pasta und 4 EL Nudelkochwasser unter das Pesto rühren.

Basilikum-Pistazien-Pesto

FÜR 4 PORTIONEN

20 g Basilikum (ca. 4 Stängel)
10 g Minze (ca. 2 Stängel)
50 g ungesalzene Pistazienkerne, geröstet
1 kleine Knoblauchzehe
Abrieb und 1 TL Saft von ½ Bio-Zitrone
30 g Parmesan
ca. 6 EL Olivenöl
Salz
frisch gemahlener Pfeffer

— Die Basilikum- und Minzeblätter abzupfen. Mit Pistazien, Knoblauch, Zitronenabrieb und geriebenem Parmesan im Mörser zerstoßen oder im Blitzhacker grob pürieren. Das Olivenöl untermischen und das Pesto mit Zitronensaft, Salz und Pfeffer kräftig abschmecken.

Sommerrollen mit Erdnusssauce

Sommerrollen eignen sich prima als Familienessen. Der Spaß fängt schon beim Schnippeln an, und wenn die Zutaten bunt, aber sortiert in Schälchen zur Verfügung stehen und frei gewählt werden dürfen, können selbst wählerische Mini-Gourmets nicht widerstehen.

FÜR 10 STÜCK

Für die Sauce:
2 Knoblauchzehen
1 rote Chilischote
1 EL Erdnuss- oder Sonnenblumenöl
3 EL cremige Erdnussbutter
1 TL brauner Zucker
100 ml Hoisin-Sauce
1 EL Limettensaft
2 EL Erdnüsse

Für die Sommerrollen:
150 g Glasnudeln (Vermicelli)
1 Frühlingszwiebel
½ Salatgurke
1 Möhre
½ Mango
½ Avocado
½ rote Paprika
60 g Rotkohl
je 25 g Minze, Koriander und Thai-Basilikum (à ca. 5 Stängel)
15 g Sprossen
10 Reispapierblätter (22 cm Ø)

— Für die Sauce Knoblauch und Chili fein hacken. Das Öl in einem kleinen Topf erhitzen. Knoblauch und Chili darin 2 Minuten anbraten. Erdnussbutter, Zucker, Hoisin-Sauce, Limettensaft und 150 ml Wasser zugeben und aufkochen. Bei schwacher Hitze 2 Minuten köcheln lassen. In ein Schälchen füllen und mit gehackten Erdnüssen garnieren.

— Die Glasnudeln nach Packungsanweisung garen. Abgießen, abschrecken und abtropfen lassen. Die Frühlingszwiebel in Streifen schneiden. Die Gurke längs halbieren und entkernen. Die Möhre schälen. Beides in feine Streifen schneiden. Mango- und Avocadofruchtfleisch in schmale Spalten, Paprika und Rotkohl in Streifen schneiden. Kräuterblätter abzupfen. Die einzelnen Zutaten, Sprossen und Nudeln in Schälchen füllen.

— Eine breite Schale mit kaltem Wasser bereitstellen. Ein Reispapier darin 30 Sekunden einweichen, auf einen Teller legen und nach Belieben belegen, dabei einen Rand lassen. Die Seiten einschlagen und das Reispapier über die Füllung fest aufrollen. Mit den übrigen Blättern und der restlichen Füllung ebenso verfahren. Die Sommerrollen mit der Naht nach unten auf eine Platte legen und bis zum Servieren mit einem feuchten Tuch bedecken. Die Sommerrollen mit der Erdnusssauce servieren.

Kalte Gurkensuppe mit Dillsamen

Gurke und Joghurt, die Turteltäubchen des Sommers, gehen hier eine Liaison jenseits von Zaziki ein. In Anlehnung an klassische Schmorgurken wird das Gemüse kurz gegart und mit Dill kombiniert, bekommt aber durch Kreuzkümmel und Piment eine zart orientalische Note.

FÜR 2 PORTIONEN

2 Salatgurken
1 Zwiebel
1 EL Butter
1 TL Dillsamen (Bioladen)
1 Lorbeerblatt
½ TL gemahlener Kreuzkümmel
½ TL gemahlener Piment
Salz
400 g milder Naturjoghurt
frisch gemahlener Pfeffer

Außerdem:
10 g Gartenkräuter (z.B. Kapuzinerkresse, Borretsch, Hornveilchen, Dill, Kresse)
1 Prise Dillsamen (optional)

— Die Gurken längs halbieren. Wenn viele Kerne darin sind, diese mit einem Teelöffel herauslösen. Die Gurken würfeln und einen Teil davon zum Garnieren kalt beiseitestellen. Die Zwiebel fein würfeln.

— Die Butter in einem Topf zerlassen und die Zwiebel darin glasig dünsten (nicht bräunen). Gurken, Dillsamen, Lorbeerblatt, Kreuzkümmel, Piment und 1 gestrichenen TL Salz zugeben. Alles abgedeckt bei schwacher Hitze 10 Minuten dünsten. Vom Herd nehmen. Das Lorbeerblatt entfernen und die Suppe pürieren. Abkühlen lassen und im Kühlschrank kalt stellen.

— Vor dem Servieren 300 g Joghurt zugeben, die Suppe erneut pürieren und mit Salz und Pfeffer abschmecken. In Schälchen oder tiefe Teller gießen. Je einen Klecks Joghurt daraufsetzen. Mit Gurkenwürfelchen, Kräutern, Blüten und eventuell Dillsamen garniert servieren.

TIPP

Falls die Gurken eine feste, dicke Schale haben, können sie auch geschält werden. Dann für die Farbe 1 Handvoll Babyspinat mitpürieren.

Schnelle Peperonata mit Polenta

Eigentlich gare ich Peperonata gerne sanft und lange, aber im Sommer muss es etwas flotter gehen. Damit das Aroma trotzdem in die Gänge kommt, brate ich die Paprika hier vor dem kurzen Köcheln einmal richtig scharf an.

FÜR 2 PORTIONEN

1 rote Paprika
1 gelbe Paprika
1 weiße Zwiebel
1 Knoblauchzehe
2 EL Olivenöl
Salz
400 g gehackte Tomaten (Dose)
10 g Oregano (2 Zweige)
10 g Thymian (2 Zweige)
1 kleine getrocknete Chilischote
150 g Kirschtomaten
frisch gemahlener Pfeffer
300 ml Gemüsebrühe (alternativ Salzwasser)
300 ml Milch
125 g Schnellkoch-Polenta (Instant)
15 g Butter

Außerdem:
Olivenöl zum Beträufeln
je 1 EL Oregano- und Thymianblätter zum Bestreuen
Meersalzflocken und frisch gemahlener Pfeffer zum Bestreuen (optional)

— Die Paprikaschoten in mundgerechte Stücke schneiden. Die Zwiebel schälen und grob würfeln. Den Knoblauch schälen und fein hacken.

— Das Öl in einer Pfanne stark erhitzen und die Paprika darin scharf anbraten, bis die Haut dunkle Stellen bekommt. Die Hitze reduzieren und die Zwiebel zugeben. Unter Rühren 5 Minuten andünsten. Knoblauch und ½ TL Salz zugeben und alles 1–2 Minuten weitergaren. Gehackte Tomaten, Oregano, Thymian und Chilischote unterrühren und alles abgedeckt 5 Minuten köcheln lassen.

— Die Kirschtomaten je nach Größe halbieren oder ganz lassen, zugeben und alles weitere 5 Minuten garen. Vom Herd nehmen, die Chilischote und die Kräuterzweige entfernen und die Peperonata mit Salz und Pfeffer abschmecken.

— Gemüsebrühe und Milch in einem Topf zum Kochen bringen. Die Polenta mit einem Schneebesen einrühren, einmal aufkochen und vom Herd nehmen. Abgedeckt 10 Minuten quellen lassen. Wenn sie noch cremiger sein soll, etwas heißes Wasser einrühren. Die Butter untermischen. Die Polenta auf Teller streichen und die Peperonata daraufgeben. Mit Olivenöl beträufeln. Kräuterblätter und nach Belieben Meersalzflocken und Pfeffer daraufstreuen. Sofort servieren.

Quinoa-Bowl mit Portulak-Joghurt und Röstpaprika

Portulak war für mich eine erfrischende Offenbarung. Ich meine dabei den Sommerportulak, denn er hat dickere und damit deutlich saftigere Stiele und Blätter als die zarten Wintersorten. Man bekommt das leicht säuerliche Gemüse im türkischen Supermarkt.

FÜR 2 PORTIONEN

100 g bunte Quinoa
Salz
100 g Portulak (die Sorte mit etwas dickeren Stielen aus dem türkischen Supermarkt)
160 g Sahnejoghurt
1 Knoblauchzehe
4 Radieschen
20 g Walnüsse
ca. 4 Prisen Pul Biber (alternativ andere Chiliflocken)
4 geröstete Spitzpaprika (Glas)
ca. 12 große glatte Petersilienblätter
1 Spritzer Zitronensaft

Außerdem:
Olivenöl zum Beträufeln
1 Prise Pul Biber
1 EL Walnüsse

— Die Quinoa in ein Sieb geben, unter fließendem Wasser gründlich abspülen und abtropfen lassen. Mit 200 ml Salzwasser aufkochen und 10 Minuten bei mittlerer Hitze garen. Vom Herd nehmen und abgedeckt 10 Minuten quellen lassen. Je nach Vorliebe warm oder abgekühlt weiterverwenden.

— Die Portulakblättchen abzupfen und die Stiele fein schneiden. Beides mit dem Joghurt mischen. Den Knoblauch fein schneiden, mit ½ TL Salz bestreuen und mit einem Messer zu einer Paste zerdrücken. Zum Joghurt geben. Zwei Radieschen fein reiben und mit den gehackten Walnüssen und zwei Prisen Pul Biber untermischen. Den Joghurt mit Salz und Chili abschmecken.

— Die Quinoa in zwei Bowls füllen und den Portulak-Joghurt an eine Seite geben. Restliche Radieschen darüberreiben. Die Paprika aus dem Glas nehmen, abtropfen lassen und in breite Streifen schneiden. Neben den Joghurt geben. Die Petersilienblätter mit etwas Zitronensaft beträufeln und auf die Bowl geben. Alles mit etwas Olivenöl beträufeln, mit Pul Biber und gehackten Walnüssen bestreuen und sofort genießen.

Sauerkirschsuppe mit Grießklößchen

In vielen slawischen Ländern ist Sauerkirschsuppe während der heißen Sommermonate eine beliebte Speise: Sie schmeckt erfrischend und ist besonders bei Kindern ein willkommenes süßes Mittagsgericht. Ich stelle ihr hier Grießklößchen zur Seite, dann macht sie auch satt.

FÜR 4 PORTIONEN

Für die Suppe:
500 g Sauerkirschen (alternativ 450 g entsteinte TK-Sauerkirschen)
3 EL Rohrohrzucker
2 Bio-Zitronenscheiben
3 Gewürznelken
1 Zimtstange
1 Sternanis
½ Vanilleschote, das Mark herausgekratzt
Salz
½ EL Mehl

Für die Klößchen:
175 ml Milch
40 g Butter
½ Vanilleschote, das Mark herausgekratzt
½ TL Zucker
Salz
100 g Weichweizengrieß
1 Ei

Außerdem:
8 Sauerkirschen
8–10 Minzeblätter

— Die Kirschen entsteinen. Mit Zucker, Zitronenscheiben, Nelken, Zimtstange, Sternanis, Vanillemark und -schote und einer Prise Salz in einem Topf mit 500 ml Wasser bedecken, aufkochen und bei halb geschlossenem Deckel 20 Minuten köcheln lassen. Zimt, Nelken, Anis, Vanilleschote und Zitrone entfernen. Das Mehl mit 2 EL Wasser glatt rühren, zur Suppe geben und 1 Minute köcheln. Pürieren und abkühlen lassen. Im Kühlschrank kalt stellen.

— Für die Klößchen Milch, Butter, Vanillemark und -schote, Zucker und ½ TL Salz aufkochen lassen. Vom Herd nehmen, Grieß einrieseln lassen und mit einem Schneebesen einrühren. Unter Rühren kurz erhitzen, bis sich die Masse als Kloß vom Topfboden löst. Vom Herd nehmen und abgedeckt 15 Minuten ruhen lassen. Die Vanilleschote entfernen, das verquirlte Ei unterrühren. Von der Masse mit einem Teelöffel kleine Portionen abstechen und Klößchen oder Nocken formen.

— Salzwasser aufkochen und die Hitze reduzieren, sodass es nur noch siedet. Die Klößchen darin in zwei Portionen garen, bis sie nach oben steigen. Mit einem Schaumlöffel herausheben. Die Suppe mit den Grießklößchen in Schalen geben und mit halbierten Kirschen und Minze garnieren.

TIPP

Wenn keine Kinder mitessen, kann man 100 ml des Wassers auch durch Rosé- oder Rotwein ersetzen.

Hot Stuff

ODER: WAS IST SCHWEISSTREIBEND UND DAHER BEI HITZE SINNVOLL?

Die Sonne brennt, die Birne glüht – jetzt ein scharfes Curry? Es erscheint ja zunächst der Intuition zu widersprechen, dem Körper durch Chili & Co. noch mehr einzuheizen. In vielen Ländern wird genau das getan: höllisch scharf essen, danach herrlich schwitzen.

Unser Körper ist wachsam und bemüht sich immer, eine optimale Temperatur aufrechtzuerhalten. Essen wir scharf, schlägt das bei den gleichen Rezeptoren Alarm, die auch reagieren, wenn wir uns verbrennen. Sie signalisieren dem Gehirn, dass jetzt die Löschanlage angeschaltet werden muss – wir beginnen zu schwitzen. Superschlau, denn für das Verdunsten des Schweißes ist Energie in Form von Wärme nötig. Diese wird dem Körper entzogen, er kühlt ab. Die Technik des scharfen Essens bei hohen Temperaturen funktioniert daher am besten bei trockener Hitze; bei hoher Luftfeuchtigkeit tut sich in puncto Verdunstung auf der Haut deutlich weniger. So wird noch mal deutlich, dass viele eiskalte Speisen dazu führen können, dass der Körper hochheizt, denn sein Ziel bleibt der Temperaturausgleich. Aber bei aller Vernunft, es soll nicht darum gehen, eine Spaßbremse zu sein. Hier und da ein Eis geht völlig klar.

Im Wachrütteln der Schärfe-Rezeptoren gebührt der erste Platz der Chili. Grund für ihre Schärfe ist Capsaicin. Der Körper produziert als Reaktion auf Schärfe übrigens das Schmerzmittel Endorphin. Da Endorphine gleichzeitig ein Wohlgefühl auslösen können, spricht man bei der Euphorie, die nach dem Genuss von schmerzhaft scharfen Chilis eintreten kann, von einem »Pepper High«. Falls man ein wenig über die Stränge geschlagen hat und aus dem Pepper High ein brutaler Brand wird: bitte nicht mit Wasser nachspülen! Dadurch wird das Brennen noch verstärkt, denn Capsaicin ist nicht wasser-, sondern fettlöslich. Stattdessen einfach 1 EL Pflanzenöl im Mund hin- und herschieben und anschließend ausspucken. Bewährt hat sich außerdem Milch, da die darin enthaltenen Lipoproteine chemische Bindungsstellen für Capsaicin besitzen. Am besten probiert man es gleich mit einer Kombination, also einem fettreichen Milchprodukt, z.B. Sahnejoghurt (oder Eiscreme, aber das nur unter uns).

HOT STUFF – TOP FIVE

1. **Frische Chilischoten**
2. **Chiliflocken**
3. **Pfeffer**
4. **Ingwer**
5. **Senf**

Grünes Gemüsecurry nach Thai-Art

Grüne Currypaste mache ich eigentlich gerne selber, aber manchmal darf es auch die Abkürzung über das gekaufte Produkt sein. Damit das Curry trotzdem eine schöne grüne Farbe bekommt, mische ich am Ende pürierte frische Kräuter unter das Gemüse.

FÜR CA. 2 PORTIONEN

2 Schalotten
150 g Prinzessbohnen
1 rote Paprika
ca. 120 g Basmatireis
1 EL Kokosöl
400 ml cremige Kokosmilch
400 ml heiße Gemüsebrühe
20 g grüne Currypaste
4 Scheiben Ingwer
5 große Kaffir-Limettenblätter
1 Stängel Zitronengras
15 g Thai-Basilikumblätter (ca. ¾ Bund)
150 g Brokkoliröschen
50 g Zuckerschoten
Salz
1–2 Frühlingszwiebeln
1 Handvoll frische Mungobohnen-Sprossen (optional)

Außerdem:
8 Thai-Basilikumblätter zum Bestreuen
4 Bio-Limettenspalten zum Garnieren

— Die Schalotten schälen und in Ringe schneiden. Die Stielansätze der Bohnen abschneiden. Die Paprika in Streifen schneiden. Den Reis nach Packungsanweisung garen. Inzwischen das Kokosöl in einer großen Pfanne zerlassen und die Schalotten darin glasig anschwitzen. Kokosmilch, Gemüsebrühe, Currypaste, Ingwer, drei Limettenblätter sowie das angequetschte Zitronengras zugeben und alles zum Kochen bringen.

— Die restlichen Limettenblätter von den Mittelrippen befreien und mit Thai-Basilikum und einer Kelle Kokosbrühe aus der Pfanne in einem Mixbecher fein pürieren. Beiseitestellen. Die Bohnen in die Pfanne geben und 2 Minuten mitgaren. Dann Paprika und Brokkoli zugeben, 3 Minuten köcheln lassen und zum Schluss die Zuckerschoten zufügen. Das Curry noch kurz köcheln lassen, bis das Gemüse bissfest ist. Pürierte Kräuter zugeben und das Curry mit Salz abschmecken. Vom Herd nehmen.

— Die Frühlingszwiebeln schräg in feine Ringe schneiden und mit den Sprossen nach Belieben unter das Curry mischen. Reis und Curry in Schalen geben und mit Thai-Basilikumblättern und Limettenspalten garniert servieren.

Pimientos de Padrón mit Miso-Butter

Pimientos de Padrón tragen auch den Namen »Bratpaprika«. Ich liebe sie, denn sie sind der schnellste Sommersnack, den ich kenne. Ein kurzer Besuch in der heißen Pfanne, ein kleiner Schwenk in der Miso-Butter, Pfirsiche dazu, fertig ist der sonnige Imbiss.

FÜR 2 PORTIONEN

200 g Pimientos de Padrón (ca. 20 Stück)
2 EL Olivenöl
1 EL Butter
1 EL Shiro Miso
2 Pfirsiche
Saft von ½ Limette
1 EL Sesam, geröstet
ca. 1 TL Meersalzflocken

— Die Pimientos in einer Schüssel mit dem Olivenöl beträufeln. Wenden, bis sie gleichmäßig eingeölt sind. In einer großen Pfanne scharf anbraten, bis die Haut an einigen Stellen Blasen wirft und fast schwarz ist. Vom Herd nehmen.

— Die Butter zerlassen und mit dem Miso mischen. Über die Pimientos geben, vermengen und alles sofort auf einen großen Teller geben, damit das Miso nicht verbrennt.

— Die Pfirsiche in Spalten schneiden. Zu den Pimientos auf den Teller geben. Mit Limettensaft beträufeln und mit Sesam und Salz bestreut servieren.

Sizilianische Caponata auf Röstbrot

Caponata ist das perfekte Gericht für heiße Sommertage, denn sie ist schnell gemacht, lässt sich wunderbar vorbereiten und muss nicht heiß gegessen werden, im Gegenteil, am leckersten ist sie bei Zimmertemperatur. Danke, Sizilien!

FÜR 4 PORTIONEN

300 g Auberginen
1 kleine rote Zwiebel
70 g grüne Oliven, entsteint
1 EL Tomatenmark
ca. 5 EL Olivenöl
Salz
200 g gehackte Tomaten (Dose)
1 EL Rosinen
1 EL Kapern
2 TL getrockneter Oregano
20 ml heller Balsamico-Essig
1 TL Zucker
frisch gemahlener Pfeffer

Außerdem:
2 EL Pinienkerne
4 Scheiben Hartweizenbrot (italienischer oder türkischer Supermarkt; alternativ Weißbrot)
Olivenöl zum Beträufeln
2 g glatte Petersilienblätter (1–2 Stängel)
Meersalzflocken (optional)

— Die Auberginen in 2 cm große Würfel schneiden. Die Zwiebel längs halbieren und in Halbmonde, die Oliven in Scheiben schneiden. Das Tomatenmark mit 5 EL Wasser glatt rühren.

— Das Olivenöl in einer großen Pfanne erhitzen und die Auberginen darin bei starker Hitze 5 Minuten rundum anbraten. Sie sollten zu dem Zeitpunkt noch nicht ganz gar sein, sonst haben sie später keinen Biss mehr. Die Hitze reduzieren, die Zwiebel zugeben, alles ein wenig salzen und unter Rühren weitere 2 Minuten braten. Tomatenmark-Mischung, Oliven, gehackte Tomaten, Rosinen, Kapern und Oregano zugeben und alles weitere 7 Minuten köcheln lassen. Essig mit Zucker vermischen und unterrühren. Eventuell etwas Wasser zugeben. Mit Salz und Pfeffer abschmecken. Vom Herd nehmen und 1 Stunde durchziehen lassen.

— Die Pinienkerne in einer Pfanne ohne Fett anrösten. Vom Herd nehmen. Die Brotscheiben mit Öl beträufeln und in einer Pfanne (oder, wenn die Außentemperatur es zulässt, unter dem Backofengrill) von beiden Seiten goldbraun rösten. Die Caponata daraufgeben und mit gehackter Petersilie und Pinienkernen bestreuen. Nach Geschmack Meersalzflocken daraufstreuen.

TIPP

Wer mag, kann zusätzlich 1 rote Paprika in kleine Stücke schneiden und kurz scharf anbraten, bevor die Auberginen in die Pfanne kommen.

Kuku Sabzi – persisches Kräuteromelett

Wer mich kennt, weiß, dass ich Eier und Kräuter heiß und innig liebe. Kein Wunder also, dass dieses leckere persische Omelett mit dem hübschen Namen im Handumdrehen mein Herz gewonnen hat.

FÜR 2 PORTIONEN

je 60 g Dill, Schnittlauch, Koriander und glatte Petersilie
4 Frühlingszwiebeln
3 EL Olivenöl
2 EL getrocknete Berberitzen (türkischer Supermarkt)
4 Eier
1 EL Sahnejoghurt
1 geh. TL Mehl
½ TL Weinsteinbackpulver
je ¼ TL gemahlener Kardamom, Kreuzkümmel, Kurkuma, Pfeffer und Salz

Außerdem:
1 EL Sahnejoghurt
1 kleine Handvoll Wildkräutersalat
1 EL Berberitzen
frisch gemahlener Pfeffer

— Die Kräuter mitsamt zarten Stängeln fein hacken. Die Frühlingszwiebeln in feine Ringe schneiden. In einer großen Pfanne 1 EL Öl erhitzen und Kräuter und Frühlingszwiebeln darin bei schwacher Hitze 5 Minuten dünsten. Sie sollen nicht bräunen, nur etwas zusammenfallen. Berberitzen untermischen und die Pfanne vom Herd nehmen.

— Ein Ei in eine Schüssel schlagen und den Joghurt unterrühren. Dann die restlichen Eier hinzugeben. Alles vermengen, aber nicht aufschlagen, sonst wird das Omelett zu fest. Mehl, Backpulver und Gewürze vermischen. Unter die Eiermasse rühren und die Kräuter untermischen.

— Das restliche Öl in einer kleinen Pfanne, auf die ein Deckel passt, erhitzen. Kräuter-Ei-Mischung hineingeben und abgedeckt bei schwächster Hitze in 15 Minuten stocken lassen. Wenn die Oberfläche trocken ist, einen Teller umgedreht auf die Pfanne legen, diese mitsamt dem Teller wenden und das Omelett wieder in die Pfanne gleiten lassen. Die zweite Seite 3 Minuten garen.

— Das Omelett wieder auf einen Teller wenden. Etwas abkühlen lassen, dann ein bis zwei Kleckse Sahnejoghurt, etwas Wildkräutersalat oder Kräuterblätter, einige Berberitzen und etwas Pfeffer darübergeben. Es kann im Ganzen, in »Tortenstücken« oder in Würfeln serviert werden.

Geeiste Somen-Nudeln mit bunter Beilage

Somen – hauchdünne Weizennudeln – kommen in Japan auf kleinen Bambus-Wasserrutschen zu den Gästen, ist das nicht herrlich? Aber auch ohne Rutsche macht das gekühlte Gericht viel Freude, besonders an heißen Sommertagen.

FÜR 2 PORTIONEN

Für die Sauce:
250 ml vegane Dashi-Brühe
4 EL Sojasauce
2 EL Sake (alternativ Mirin)
1 TL Zucker
2 Streifen Bio-Zitronenschale
ca. 1 TL Reisessig

Für die Nudeln:
Eiswürfel
200–260 g Somen-Nudeln
(abhängig von den Portionspäckchen)

Als Beilagen:
1 Snackgurke
2–4 Radieschen
1 Stück Ingwer (1 cm)
1–2 Frühlingszwiebeln
1 EL Sesam
etwas geröstetes Sesamöl (optional)

— Für die Sauce Dashi, Sojasauce, Sake und Zucker in einem Topf 1 Minute kochen. Vom Herd nehmen. Die Zitronenschale darüber ausdrücken, hineingeben. Den Essig einrühren und alles abkühlen lassen. In einer Frischhaltedose für 20 Minuten ins Gefrierfach stellen.

— Für die Nudeln eine Schüssel mit Wasser und Eiswürfeln füllen. In einem großen Topf reichlich Wasser aufkochen. Die Somen hineingeben und sofort rühren. Nach Packungsanweisung 1–3 Minuten kochen. In ein feines Sieb geben, abschrecken und unter fließendem Wasser gründlich abreiben, um überflüssige Stärke, die die Nudeln schleimig machen könnte, abzuwaschen. Die Somen ins Eiswasser geben.

— Für die Beilagen die Gurke längs in Scheiben und in feine Streifen schneiden. Die Radieschen halbieren und fein schneiden. Den Ingwer schälen und fein hacken. Die Frühlingszwiebeln in feine Ringe schneiden. Alle Beilagen in Schälchen geben.

— Die Somen auf einem Teller als kleine Nester anrichten. Die Sauce in Schälchen gießen. Jede Person greift mit Stäbchen eine kleine Portion Nudeln und tunkt sie vor dem Verzehr in die Sauce. Die Beilagen werden nach Belieben gewählt, in die Sauce gegeben und mit den Nudeln verzehrt.

TIPP

Wer einen asiatischen Lebensmittelladen in der Nähe hat, kann als Beilage auch 1 EL fein geschnittene Nori- oder Shiso-Blätter oder Myoga reichen.

SESAME OIL

Sonnig & heiter

Auf die Hand oder auf den Grill, draußen schmeckt's am besten

Gegrillte Auberginen mit Koriander-Limetten-Sauce

Für dieses Rezept kann man die Auberginen grillen oder in der Pfanne braten. Grillen hat den Röstaromen-Vorteil, die Pfanne hat man eventuell schneller zur Hand. Hauptsache, die Auberginen sind vollständig durchgegart, denn nur dann machen sie Freude.

FÜR 4 PORTIONEN

Für die Auberginen:
3 Auberginen
Salz
1 kleiner Granatapfel
8 EL Olivenöl + evtl. mehr
3 EL Granatapfelsirup
1 EL Sumach
3 TL gemahlener Kreuzkümmel
1 TL Pul Biber
¼ TL Zimt

Für die Koriander-Limetten-Sauce:
60 g frischer Koriander (1 Bund)
Abrieb und 30 ml Saft von 1 Bio-Limette
2 EL Mayonnaise
1 EL Honig
Salz
frisch gemahlener Pfeffer
50 ml Olivenöl
2 EL Joghurt
2 Knoblauchzehen

Außerdem:
5 g frischer Koriander (1 Stängel; optional)
4 Bio-Limettenspalten zum Servieren (optional)

— Die Auberginen schräg in Scheiben (1–1,5 cm dick) schneiden. Salzen und in einem Sieb 20 Minuten abtropfen lassen. Die Granatapfelkerne herauslösen und kalt stellen.
Für die Sauce den Koriander mitsamt Stängeln grob hacken und in einen Mixbecher geben. Limettenabrieb und -saft, Mayonnaise, Honig und je ½ TL Salz und Pfeffer zugeben. Mit einem Stabmixer sehr fein pürieren. Das Öl nach und nach untermixen. Den Joghurt zugeben und den Knoblauch hineinpressen. Alles verrühren und mit Salz und Pfeffer abschmecken. Kalt stellen.

— Für die Auberginen Olivenöl, Granatapfelsirup, Sumach, Kreuzkümmel, Pul Biber und Zimt in einem Schälchen vermischen. Die Auberginen trocken tupfen und von beiden Seiten mit dem Würzöl bepinseln. Auf den vorgeheizten Grill geben und am besten mit aufgelegtem Deckel bei mittlerer bis starker Hitze 3–5 Minuten garen. Wenden und abgedeckt weitere 3 Minuten grillen.

— Die fertigen Auberginen auf eine Platte geben und eventuell mit etwas Öl bepinseln. Die Koriander-Limetten-Sauce daraufträufeln und alles mit Granatapfelkernen bestreuen. Nach Belieben mit Koriander und Limettenspalten servieren.

Grill-Zucchini mit Minze-Salsa und Perlcouscous

Perlcouscous bekommt man mittlerweile in vielen gut sortierten Supermärkten und es lohnt sich, danach Ausschau zu halten. Die kleinen Kügelchen machen einfach gute Laune und sind tolle Geschmacksträger für aromatische Kräuterpasten.

FÜR 4 PORTIONEN

Für die Zucchini:
4 Zucchini
60 g Salz
2 EL Olivenöl
1 Knoblauchzehe

Für den Perlcouscous:
250 g Perlcouscous
Salz
3 EL Rosinen
4 EL Pinienkerne
3 EL Olivenöl
2 EL Zitronensaft
1 TL Honig
1 TL Dijon-Senf
frisch gemahlener Pfeffer

Für die Minze-Salsa:
20 g Minzeblätter (ca. 1 Bund)
20 g glatte Petersilie (ca. 4 Stängel; feine Stiele können mitverarbeitet werden)
120 ml Olivenöl
2 EL weißer Balsamico-Essig
2 EL Kapern
1 Knoblauchzehe
½ TL Chiliflocken
Salz

Außerdem:
250 g Ricotta
frisch gemahlener Pfeffer

— Die Zucchini längs vierteln. In einer Schüssel 1 l Wasser mit dem Salz verrühren und die Zucchini hineingeben. Mit einem Teller beschweren und 45 Minuten ziehen lassen. Inzwischen den Couscous nach Packungsanweisung in Salzwasser bissfest garen.

— Für die Salsa die Kräuter sehr fein hacken und in eine Schale geben. Olivenöl und Balsamico zugeben. Die Kapern abspülen und zusammen mit dem Knoblauch fein hacken. Beides mit Chiliflocken zu den Kräutern geben. Die Salsa mit Salz abschmecken.

— Den Couscous abgießen, abschrecken und abtropfen lassen. Mit den Rosinen in eine Schüssel geben. Die Pinienkerne in einer Pfanne ohne Fett anrösten, herausnehmen. Die Hälfte fein hacken und zum Couscous geben. Öl, Zitronensaft, Honig, Senf und 1 EL Salsa vermischen und unter den Couscous heben. Mit Salz und Pfeffer abschmecken.

— Die Zucchini trocken tupfen. Das Olivenöl in eine Schüssel gießen. Den Knoblauch hineinpressen, die Zucchini zugeben und darin wenden. Auf dem vorgeheizten Grill bei mittlerer Hitze 3–4 Minuten grillen, wenden und weitere 2–3 Minuten garen.

— Den Perlcouscous auf Teller verteilen, Zucchini und Ricotta in Nocken daraufgeben. Mit Salsa beträufeln und mit restlichen Pinienkernen und etwas Pfeffer bestreuen.

Sandwich mit Feigen, Rucola und Zupfkäse

Zupfkäse, das ist ein weißer eingelegter Kuhmilchkäse, der aus dünnen Strängen besteht. Er schmeckt super, kann aber extrem salzig sein (je fester, desto salziger), deswegen spüle ich ihn vor dem Verzehr immer gut ab.

FÜR 2 PORTIONEN

Für die eingelegten roten Zwiebeln:
2 rote Zwiebeln
½ TL helle Senfsaat
½ TL Kreuzkümmelsamen
½ TL Koriandersamen
180 ml Apfelessig
30 g Zucker
1 TL Salz

Für die Sandwiches:
2 kleine Handvoll Zupfkäse (Çeçil Peyniri)
2 sehr reife Feigen
2 Stück frisches Baguette (à 11 cm)
2–3 TL körniger Senf
Olivenöl zum Beträufeln
1 Handvoll Rucola
ca. 4 EL eingelegte rote Zwiebelringe (s.o.)

— Für die eingelegten Zwiebeln die roten Zwiebeln schälen und in feine Ringe schneiden. In einem kleinen Topf etwas Wasser aufkochen, die Zwiebeln darin 1 Minute blanchieren und abgießen. Die Gewürze mit den Zwiebeln mischen und alles in ein sterilisiertes Einmachglas (etwa 300 ml) füllen. Den Essig mit Zucker und Salz aufkochen. Vom Herd nehmen, über die Zwiebeln gießen und das Glas schließen. Mindestens 30 Minuten abkühlen lassen.

— Für die Sandwiches den Käse aus der Salzlake heben und unter fließendem kaltem Wasser abspülen. Gut abtropfen lassen. Die Feigen in Scheiben schneiden.

— Die Baguettes längs durchschneiden. Die Unterseiten mit körnigem Senf bestreichen und die Schnittseite der Deckel mit Öl beträufeln. Die Unterseiten mit Rucola, Käse, Feigen und eingelegten Zwiebelringen belegen. Die Deckel auflegen und sofort genießen.

Black-Bean-Burger mit Avocado und Nektarine

Gekaufte fleischfreie Burger-Pattys bestehen leider manchmal aus stark verarbeiteten Zutaten, deswegen mache ich sie gerne selbst. Schwarze Bohnen sind eine gute Basis: Sie schmecken schön nussig und haben eine leicht cremige Konsistenz.

FÜR 4 PORTIONEN

Für die Burger-Pattys:
400 g schwarze Bohnen (Abtropfgewicht; Dose)
4 Frühlingszwiebeln
2 Knoblauchzehen
1 rote Chili
2 EL Olivenöl
2 geh. TL Kreuzkümmelsamen
1 TL geräuchertes Paprikapulver
10 g Korianderblätter (ca. ½ Bund; alternativ glatte Petersilie)
8 EL Semmelbrösel
Salz
frisch gemahlener Pfeffer

Außerdem:
6 EL Mayonnaise
Abrieb und Saft von 1 Bio-Limette
Chiliflocken
2 Schalotten
1 kleine Nektarine
½ Avocado
Öl zum Braten
4 Burger-Buns
ein paar knackige Salatblätter
8 dünne Scheiben Feta
8 Korianderblätter (optional)

— Die Bohnen abgießen, abbrausen, abtropfen lassen und mit Küchenpapier trocken tupfen. Mit einer Gabel zerdrücken. Frühlingszwiebeln, Knoblauch und Chili fein hacken. Öl und Kreuzkümmel in einer Pfanne erhitzen. Knoblauch, Chili und die Hälfte der Frühlingszwiebeln darin 1 Minute anbraten. Zu den Bohnen geben. Paprikapulver, restliche Frühlingszwiebeln, gehackten Koriander, Semmelbrösel und 1 EL Wasser ebenfalls zugeben. Alles vermischen, die Masse mit Salz und Pfeffer abschmecken und für 20 Minuten kalt stellen.

— Mayonnaise, Limettenabrieb und Chiliflocken vermischen und kalt stellen. Die Schalotten in Ringe schneiden und mit Limettensaft marinieren. Die Nektarine in zwölf und das Avocadofruchtfleisch in acht Spalten schneiden.

— Aus der Bohnenmasse vier feste, 2,5 cm dicke Pattys formen. Reichlich Öl in einer Pfanne erhitzen und die Pattys darin bei mittlerer Hitze in 2–3 Minuten dunkel anbraten, behutsam wenden und weitere 2–3 Minuten braten.

— Beide Hälften der Burger-Buns mit Chili-Mayo bestreichen. Die Unterseite mit Salat, Avocado, Bohnen-Patty, Nektarine, Feta, Schalotten und nach Belieben Koriander belegen. Den Deckel auflegen und sofort genießen.

Gegrillte Artischocken mit Zitronen-Aioli

Für dieses Rezept werden die Artischocken vorgekocht. Wichtig ist, dass sie nicht zu lange garen, denn sonst können sie beim Halbieren zerfallen. Also immer wieder schauen, ob sich schon ein Blättchen aus der Mitte lösen lässt.

FÜR 4 PORTIONEN

Für die Zitronen-Aioli:
180 ml Mayonnaise
60 g saure Sahne
1 Knoblauchzehe
Abrieb und Saft von ½ Bio-Zitrone
Salz
frisch gemahlener Pfeffer

Für die Artischocken:
4 Artischocken
Salz
3 Knoblauchzehen
½ Bio-Zitrone
ca. 4 EL Olivenöl
5 g glatte Petersilienblätter (3–4 Stängel)
frisch gemahlener Pfeffer

Außerdem:
1–2 halbierte Bio-Zitronen

— Für die Aioli Mayonnaise und saure Sahne glatt rühren. Den Knoblauch hineinpressen, Zitronenabrieb und -saft zugeben, alles vermischen und mit Salz und Pfeffer abschmecken. Kalt stellen.
— Die Artischockenstängel abschneiden, kleine Blättchen entfernen. Den oberen Teil der Artischocken (etwa 2 cm) mit einem Messer und die Enden der Blätter mit einer Schere abschneiden. Artischocken nebeneinander in einen Topf stellen und so viel Salzwasser zugeben, dass es etwa 6 cm hoch steht. Den Knoblauch andrücken, schälen und mit der in Scheiben geschnittenen Zitrone zugeben. Abgedeckt aufkochen. Die Hitze reduzieren, sodass das Wasser nur siedet. Die Artischocken 30–40 Minuten kochen, bis sich eines der mittleren Blätter leicht herausziehen lässt. Herausheben, etwas abkühlen lassen und längs halbieren. Stroh aus dem Inneren entfernen.
— Dann 2 EL Öl mit gehackter Petersilie, Salz und Pfeffer verrühren. Die Artischocken mit Öl einreiben und auf dem Grill bei mittlerer bis starker Hitze auf der Schnittseite 4 Minuten grillen. Die Zitronen auf der Schnittseite anrösten und vom Grill nehmen. Die Artischocken wenden und die Schnittseite mit dem Petersilienöl beträufeln. Die zweite Seite ebenfalls 4 Minuten grillen. Auf eine Platte setzen und mit gegrillten Zitronen und Aioli servieren.

Feta-Röllchen mit Zaalouk

Der Grill ist schon ordentlich heiß? Wunderbar! Falls er heute aber kalt bleiben soll, können die Auberginen und die Röllchen genauso gut im Backofen zubereitet werden, die Temperaturangaben können einfach übernommen werden.

FÜR 12–15 STÜCK

Für den Zaalouk:
2 Auberginen
6 Knoblauchzehen
500 g Fleischtomaten
4 EL Olivenöl
1 TL Tomatenmark
2 TL Paprikapulver edelsüß
2 TL gemahlener Kreuzkümmel
1 TL gemahlener Koriander
½ TL geräuchertes Paprikapulver
12 g glatte Petersilienblätter (ca. ½ Bund)
12 g Korianderblätter (ca. ½ Bund)
1–2 EL Zitronensaft
1 TL Honig
Salz
frisch gemahlener Pfeffer

Für die Feta-Röllchen:
1 Knoblauchzehe
15 g glatte Petersilienblätter (ca. ¾ Bund)
15 g Minzeblätter (ca. ¾ Bund)
200 g Feta
4 EL Naturjoghurt
1 TL Schwarzkümmel
Abrieb von 1 Bio-Zitrone
1–2 Prisen frisch gemahlener Pfeffer
12–15 Yufka-Teig-Dreiecke (türkischer Supermarkt)
Olivenöl zum Bestreichen

— Den Grill auf 220 °C vorheizen. Für den Zaalouk die Auberginen halbieren, innen Einschnitte machen und mit halbierten Knoblauchzehen spicken. Mit der Schnittseite nach unten auf ein mit Backpapier belegtes Blech legen und auf dem Grill mit geschlossenem Deckel 15–20 Minuten garen. Eine Tomate fein würfeln und kalt stellen. Den Rest grob reiben. Das Öl in einer Pfanne erhitzen und darin Tomatenfruchtfleisch und -mark mit den Gewürzen 5 Minuten garen. Vom Herd nehmen.

— Für die Röllchen Knoblauch und Kräuter hacken und mit allen Zutaten bis auf die Teigblätter und das Öl glatt verrühren. Die Yufka-Blätter mit der Spitze nach oben auf die Arbeitsfläche legen und dünn mit Öl bepinseln, 1 ½ EL Füllung auf dem unteren Ende verteilen, einen Rand von etwa 4 cm frei lassen. Seiten einschlagen und den Teig nach oben einrollen. Auf ein mit Backpapier belegtes Blech legen und mit Öl bepinseln.

— Die Auberginen vom Grill nehmen, die Temperatur auf 200 °C reduzieren und die Röllchen in etwa 20 Minuten goldbraun backen. Auberginenfruchtfleisch mit einem Löffel aus der Schale lösen und fein hacken. Zu den Tomaten geben. Gewürfelte Tomate und gehackte Kräuter (bis auf 1 EL) zugeben. Mit Zitronensaft, Honig, Salz und Pfeffer abschmecken. Mit restlichen Kräutern bestreuen. Die Röllchen mit dem Zaalouk servieren.

Kichererbsen-Avocado-Wraps mit rosa Zwiebeln und Ei

Diese Wraps sind nicht nur ein Snack im Vorbeigehen, sondern eine vollständige Mahlzeit in kompaktem Format. Wer es vegan mag, ersetzt Omelett und Schmand durch Guacamole (S. 60) oder Artischocken-Bohnen-Creme (S. 124).

FÜR 4 PORTIONEN

Für die Zwiebeln:
2 rote Zwiebeln
200 ml weißer Balsamico-Essig
2 EL Zucker
2 gestr. TL Salz
1 Zimtstange
1 TL Pfefferkörner
1 TL Koriandersamen

Für die Kichererbsen:
265 g Kichererbsen (Abtropfgewicht; Glas)
1 Knoblauchzehe
Olivenöl zum Braten
2 TL gemahlener Koriander
1 TL getrockneter Oregano
1 TL gemahlener Kreuzkümmel
1 Prise Chiliflocken
1 TL Zitronensaft
Salz

Außerdem:
4 Tortilla-Wraps
4 EL Schmand
1 Avocado
ca. ½ Eisbergsalat
Olivenöl zum Braten
8 Eier
Salz
frisch gemahlener Pfeffer

— Die Zwiebeln schälen, halbieren und in feine Spalten schneiden. In ein Sieb geben und mit kochendem Wasser übergießen. Kalt abschrecken und in ein sterilisiertes Einmachglas (etwa 350 ml) geben. Die restlichen Zutaten in einem Topf aufkochen und den heißen Sud auf die Zwiebeln gießen. Das Glas schließen und die Zwiebeln mindestens 1 Stunde ziehen lassen.

— Die Kichererbsen abtropfen lassen. Den Knoblauch fein hacken. Etwas Öl in einer Pfanne erhitzen und die Kichererbsen darin kurz anbraten. Den Knoblauch zugeben und 1 Minute mitbraten. Koriander, Oregano, Kreuzkümmel und Chiliflocken untermischen. Vom Herd nehmen und mit Zitronensaft und Salz abschmecken.

— Die Tortilla-Wraps mit dem Schmand bestreichen. Das Avocadofruchtfleisch in Spalten und den Salat in Streifen schneiden.

— Eine beschichtete Pfanne, die ungefähr die Größe der Wraps hat, erhitzen und leicht ölen. Immer zwei Eier verquirlen, mit Salz und Pfeffer würzen und je ein Omelett daraus braten. Die Omeletts auf die Wraps legen. Mit Kichererbsen, Avocado, Salat und Zwiebeln belegen. Die Seiten der Wraps einschlagen, die Tortillas fest aufrollen und kurz ruhen lassen. Vor dem Servieren schräg halbieren. Nach Belieben die geschlossenen Enden mit Butterbrotpapier umwickeln.

Sunny Mood, Yummy Food

ODER: WAS KÖNNEN WIR VON MEDITERRANEN LÄNDERN LERNEN?

Griechenland, Südfrankreich, Spanien, die Türkei, der Nahe Osten, Nordafrika: An der Mittelmeerküste reihen sie sich wie Perlen auf. Hohe Temperaturen beeinflussen dort die kulinarischen Vorlieben. Die besten Vorbilder, wenn es darum geht, etwas Erfrischendes zu zaubern.

Berge an Gemüse, Früchten und duftenden Kräutern werden umspielt von Olivenöl. Dazu etwas Brot, Pasta oder Couscous, vielleicht Joghurt oder Käse, Hülsenfrüchte und Nüsse, schon steht das Grundgerüst der mediterranen Küche. Auch das Prinzip, saisonale Zutaten zu verwenden, ist ein guter Leitfaden, denn oft sind die Gemüse- und Obstsorten, die im Sommer reifen, auch genau dann besonders wertvoll für uns. Nehmen wir Wassermelonen, Tomaten oder Gurken: Ihr Gehalt an Elektrolyten wie Magnesium und Kalium hilft, den durch starkes Schwitzen bewirkten Verlust auszugleichen. Ganz zu schweigen von der Flüssigkeit, die diese Früchte unserem Körper schenken! Leicht und erfrischend ist eine Devise, die in der Küche südlicher Länder eine wichtige Rolle spielt, denn Hitze belastet Kreislauf und Stoffwechsel schon genug, da muss man ihm nicht noch schwere Verdauungsarbeit aufbrummen.

Kaum Appetit durch große Hitze? Dafür gibt es Antipasti, Tapas oder Meze. In mundgerechten Portiönchen lässt sich Nahrung im Sommer manchmal einfach leichter akzeptieren. Außerdem lassen sie sich zumeist wunderbar vorbereiten, schmecken bei Zimmertemperatur und sind mehrere Tage haltbar. Ein willkommenes Geschenk, wenn an Kochen nicht zu denken ist.

Viele Gerichte der Mittelmeerküche zeichnen sich ohnehin dadurch aus, dass sie sich unkompliziert und zügig zubereiten lassen. Ein heißes, aber kurzes Techtelmechtel mit Grill oder Pfanne bringt dabei Röstnoten ins Spiel. Diese Vorgehensweise nehmen wir dankbar an, denn wer will schon ewig in der Küche schmoren, wenn das Thermometer durch die Decke geht? Und Oregano, Thymian und Rosmarin zaubern mit ihrem herrlichen Aroma Ferienstimmung und sonnige Gedanken an die liebsten Mittelmeerperlen, ob Griechenland, Spanien oder die Türkei.

MEDITERRANE GENÜSSE – TOP FIVE

1. **Gemüse und Obst in rauen Mengen**
2. **Saisonale und regionale Lebensmittel**
3. **Häppchen wie Tapas, Antipasti oder Meze**
4. **Flotte Garmethoden**
5. **Urlaubsgefühle durch aromatische Kräuter wie Thymian, Oregano, Rosmarin ...**

Kleine Tapasplatte für heiße Tage

Kleine Häppchen, großer Sommerspaß: Diese köstliche Auswahl an feinen Tapas passt fabelhaft zu heißen Sommerabenden und einem kalten Bierchen. Die Tapas schmecken warm oder bei Zimmertemperatur.

Für die Oliven:
200 g schwarze Oliven
200 g grüne Oliven
2 Knoblauchzehen
5 Pfefferkörner
2 Streifen Bio-Orangenschale
10 g Rosmarin (2 Zweige)
1 Lorbeerblatt
Olivenöl zum Aufgießen

Für die Patatas bravas:
400 g junge festkochende Kartoffeln
Salz
3 Tomaten
2 Knoblauchzehen
1 rote Chilischote
3 EL Olivenöl
½ TL geräuchertes Paprikapulver
1 TL getrockneter Majoran
frisch gemahlener Pfeffer

Für die Bohnen in Tomatensauce:
1 Schalotte
2 Knoblauchzehen
40 ml Olivenöl
2 EL Tomatenmark
1 EL Rotwein- oder Sherry-Essig
1 g Rosmarinnadeln (ca. 1 Zweig)
½ TL Paprikapulver edelsüß
¼ TL geräuchertes Paprikapulver
240 g Riesenbohnen (Dose)
2 g glatte Petersilienblätter (1–2 Stängel)

Für die Pimientos de Padrón:
400 g Pimientos de Padrón
4 Knoblauchzehen
4 EL Olivenöl
Meersalzflocken

— Die Oliven in ein sterilisiertes Einmachglas geben. Angedrückten Knoblauch und Pfeffer, Orangenschale, Rosmarin und Lorbeer zugeben, mit Öl bedecken und verschlossen über Nacht im Kühlschrank marinieren.

— Für die Patatas bravas die Kartoffeln würfeln (2 cm), in Salzwasser bissfest garen, abgießen und trocken tupfen. Die Tomaten grob hacken. Gehackten Knoblauch und gehackte Chili in 1 EL Öl in einer kleinen Pfanne anschwitzen. Tomaten, Paprikapulver und Majoran zugeben und 10 Minuten garen. Vom Herd nehmen. Restliches Öl in einer großen Pfanne erhitzen, die Kartoffeln darin goldbraun braten und mit Salz würzen. Die Tomaten unterheben. Das Ganze vom Herd nehmen, salzen und pfeffern.

— Für die Bohnen Schalotte und Knoblauch fein hacken und in 2 EL Öl in einer Pfanne 3 Minuten dünsten. Das Tomatenmark zugeben, 1 Minute braten und mit Essig ablöschen. Fein gehackten Rosmarin, Gewürze und restliches Öl zugeben und alles aufkochen. Die Bohnen 2 Minuten miterhitzen. Vom Herd nehmen, salzen, pfeffern und mit gehackter Petersilie bestreuen.

— Die Pimientos mit halbiertem Knoblauch im Öl in einer großen Pfanne bei mittlerer Hitze 5–7 Minuten rundum anbraten, bis sie Farbe annehmen und die Haut Blasen wirft. Auf eine Platte geben und großzügig mit Meersalzflocken würzen.

Gegrillte Maiskolben mit zweierlei Butter

Die beiden Buttersorten reichen für mehr als vier Maiskolben, doch es lohnt sich kaum, weniger zuzubereiten. Sie können gut vorbereitet werden, schmecken zu vielen anderen Sorten von Grillgemüse sehr lecker und bleiben im Kühlschrank mehrere Tage frisch.

FÜR 4 PORTIONEN

Für die Miso-Butter:
1 Knoblauchzehe
100 g weiche Butter
30 g Shiro Miso
1 TL Zitronensaft
¼ TL Chiliflocken

Für die Kräuter-Knoblauch-Butter:
1 Knoblauchzehe
10 g Dillspitzen (ca. ½ Bund)
10 g glatte Petersilienblätter (ca. ½ Bund)
100 g weiche Butter
2 EL Olivenöl
Salz

Für die Maiskolben:
4 Maiskolben mit Blättern
Olivenöl zum Einreiben
Meersalzflocken
grob zerstoßener Pfeffer

— Für die Miso-Butter den Knoblauch schälen, fein hacken und mit allen Zutaten vermischen. Für die Kräuter-Knoblauch-Butter den Knoblauch reiben und die Kräuter fein hacken. Alle Zutaten vermengen. Die Butter mit Salz abschmecken. Den Grill vorheizen oder alternativ den Backofen auf 180 °C vorheizen.

— Die Blätter der Maiskolben öffnen, aber am Kolben lassen. Die Fäden entfernen und den Mais mit etwas Öl einreiben. Die Kolben wieder mit den Blättern umschließen und bei indirekter Hitze auf dem Grill etwa 20 Minuten garen, dabei regelmäßig wenden. Anschließend etwa 5 Minuten bei stärkerer Hitze rundum rösten; dafür eventuell die Blätter etwas weiter öffnen. Alternativ etwa 25 Minuten im Backofen garen.

— Die Blätter der Maiskolben nach Belieben entfernen oder den Mais zum Auspacken mit Blättern servieren und die beiden Buttersorten, Salzflocken und Pfeffer dazu reichen.

Knackiges Grillgemüse mit Pistazien-Romesco

Bei Romesco, der pikanten Sauce aus Katalonien, muss ich mich immer zurückhalten, ihn nicht hemmungslos wegzulöffeln, sobald er fertig gemixt ist. Ein wirklich leckerer Dip, ob zu Gemüse oder auf knusprigem Brot.

FÜR 4 PORTIONEN

Für den Pistazien-Romesco:
200 g gegrillte Spitzpaprika (Glas)
50 g Mandeln
50 g ungesalzene Pistazienkerne, geröstet
2 Knoblauchzehen
3 EL Olivenöl
Abrieb und 1 EL Saft von 1 Bio-Zitrone
½ TL geräuchertes Paprikapulver
½ TL Chiliflocken
Salz

Für das Gemüse:
500 g Bundmöhren
Salz
2 rote Zwiebeln
1 Bund Radieschen
ca. 18 Kirschtomaten
1 Bund Broccolini oder grüner Spargel
4–6 Mini-Paprikaschoten
Olivenöl
1 Bio-Zitrone

Außerdem:
1 EL Zitronensaft zum Beträufeln
1 EL grob gehackte Pistazienkerne zum Bestreuen

— Den Grill vorheizen. Für den Romesco die Spitzpaprika abtropfen lassen. Mit allen Zutaten in einem Mixer zu einer groben Paste pürieren und mit Salz abschmecken.

— Für das Gemüse die Möhren schälen, dabei etwas Grün stehen lassen. Die Möhren in kochendem Salzwasser in 3–4 Minuten bissfest vorgaren. Abgießen, abschrecken und abtropfen lassen. Die Zwiebeln schälen, dabei den Wurzelansatz nicht ganz entfernen, damit die einzelnen Stücke nicht auseinanderfallen, dann die Zwiebeln achteln. Das Grün der Radieschen kürzen. Radieschen und Tomaten auf Grillspieße stecken. Möhren, Zwiebeln, Radieschen, Tomaten, Broccolini und Paprika in Öl wenden, sodass alles vollständig bedeckt ist, und mit Salz bestreuen. Die Zitrone halbieren.

— Gemüse und Zitrone (mit den Schnittseiten nach unten) auf dem Grill 5–10 Minuten rösten. Auf einen großen Teller geben, mit etwas Zitronensaft beträufeln. Den Romesco mit Pistazien bestreuen und zum Gemüse servieren.

Onigirazu mit würzigem Tofu, Möhre und Spinat

Onigirazu ist eine Art Sushireis-Sandwich und ein nahrhafter, kühler Snack. Am besten bereitet man die kleinen Päckchen am Vorabend zu, dann sind sie jederzeit griffbereit, ob zum Picknick oder auch so für zwischendurch.

FÜR 4 PORTIONEN

Für die Füllung:
2 Möhren
200 g Tofu
Öl zum Braten
1 Handvoll Babyspinat

Für die Marinade:
1 Frühlingszwiebel
1 Stück Ingwer (3 cm)
2 Knoblauchzehen
2 EL Sojasauce
1 EL Reisessig

Für den Reis:
250 g Sushireis
5 EL weißer Reisessig
1 ½ EL Mirin
1 EL Zucker
1 geh. TL Salz
2 TL schwarzer Sesam (alternativ heller Sesam)

Außerdem:
4 Nori-Blätter
ca. 1 EL Wasabi-Paste
ca. 30 ml Sojasauce

— Die Möhren für die Füllung schälen, in Stifte schneiden und abgedeckt kalt stellen. Den Tofu in acht Scheiben schneiden, trocken tupfen und in eine breite Schüssel legen. Für die Marinade die Frühlingszwiebel in Ringe schneiden. Ingwer und Knoblauch hacken und alle Zutaten vermischen. Den Tofu darin 15 Minuten marinieren, zwischendurch wenden. Die Marinade vom Tofu streifen und diesen von beiden Seiten in etwas Öl braun anbraten. Marinade zugeben und 1 Minute mitgaren. Vom Herd nehmen.

— Den Reis unter kaltem Wasser waschen. Mit 320 ml Wasser in einem Topf aufkochen, Hitze reduzieren und den Reis abgedeckt etwa 12 Minuten köcheln. Vom Herd nehmen, 10 Minuten quellen lassen. Essig, Mirin, Zucker und Salz aufkochen. Mit Sesam unter den Reis mischen. Mit einem Fächer abkühlen.

— Ein Nori-Blatt mit der glänzenden Seite nach unten auf eine Sushimatte legen. Ein Achtel des Reises in die Mitte geben. Mit angefeuchteten Händen ein Quadrat formen, dessen Ecken zu den Seiten des Blattes zeigen. Zwei Tofuscheiben, Möhren und Spinat daraufgeben. Ein weiteres Reisquadrat formen und auflegen. Die Nori-Ecken zur Mitte hin falten. Auf diese Weise weitere Onigirazu zubereiten.

— Die Päckchen für 10 Minuten kalt stellen. Zum Servieren halbieren und Wasabi und Sojasauce dazu reichen.

Halloumi mit Nektarinen und süßem Minze-Pesto

Es gibt so einiges, was ich im Sommer liebe, und diese kleine, aber feine Vorspeise gehört definitiv dazu: knusprig gebratener Käse, saftig frische Sommerfrüchte, aromatisches Minze-Pesto. Ein wahres Träumchen!

FÜR 2–4 PORTIONEN

Für das Minze-Pesto:
25 g Mandeln
25 g Minzeblätter (ca. 1 Bund)
100 ml Olivenöl
1 TL Honig
1 TL Zitronensaft

Für die Hauptakteure:
4 reife Nektarinen
ca. 1 Handvoll Pinienkerne
250 g Halloumi
ca. 3 EL Olivenöl

Außerdem:
grob zerstoßener Pfeffer
Abrieb von ½ Bio-Zitrone
ca. 5 Minzeblätter

— Für das Minze-Pesto Mandeln und Minze grob hacken und in einen Mixbecher füllen. Olivenöl, Honig und Zitronensaft zugeben und alles nicht zu fein pürieren. Beiseitestellen. Die Nektarinen in Spalten schneiden. Die Pinienkerne in einer Pfanne ohne Fett goldgelb rösten. Aus der Pfanne nehmen. Den Halloumi in 0,5 cm dünne Scheiben schneiden.

— Das Öl in der Pfanne erhitzen und die Halloumi-Scheiben darin von beiden Seiten goldbraun und kross anbraten. Kurz auf Küchenpapier abtropfen lassen und anschließend mit den Nektarinen auf eine Servierplatte geben.

— Das Minze-Pesto darüberträufeln und die gerösteten Pinienkerne darauf verteilen. Mit Pfeffer würzen und zum Schluss den Zitronenabrieb auf den Früchten und dem Käse verteilen. Mit Minzeblättern garnieren und sofort servieren.

Grill-Champignons mit Chimichurri

Pilze sind ein großartiger Fleischersatz. Zum einen wegen ihrer Inhaltsstoffe, aber auch dank ihrer bissfesten Konsistenz und ihrer Fähigkeit, Flüssigkeit wie Schwämme aufzunehmen. Das macht sich dieses Rezept zunutze und badet sie in einer herrlichen Marinade.

FÜR 2–4 PORTIONEN

Für die Champignons:
400 g Champignons
50 ml Balsamico-Essig
2 EL Sojasauce
2 EL Olivenöl
1 TL Honig (alternativ Ahornsirup)
1 Knoblauchzehe
frisch gemahlener Pfeffer

Für das Chimichurri:
30 g glatte Petersilienblätter (ca. 1–2 Bund)
ca. 10 g Oreganoblätter (3 EL)
3 Knoblauchzehen
80 ml Olivenöl
30 ml Rotweinessig
Abrieb von 1 Bio-Zitrone
ca. 3 Prisen Chiliflocken
Salz

— Die Champignons je nach Größe halbieren oder ganz lassen. In einer Schüssel Essig, Sojasauce, Olivenöl und Honig vermischen. Den Knoblauch hineinpressen und die Marinade mit Pfeffer würzen. Die Champignons zugeben und 30 Minuten marinieren. Zwischendurch mehrmals durchrühren. Den Grill vorheizen.

— Für das Chimichurri Petersilie und Oregano sehr fein hacken. Den Knoblauch schälen und ebenfalls sehr fein hacken. Alle Zutaten vermischen und mit Chiliflocken und Salz pikant abschmecken. Abgedeckt beiseitestellen.

— Die Champignons auf Spieße stecken und 3 Minuten grillen. Dann wenden und weitere 3 Minuten grillen. Auf eine Platte geben und warm oder bei Zimmertemperatur mit dem Chumichurri servieren.

TIPP

Die Champignons können auch prima in einer Grillpfanne oder einer normalen Pfanne gegart werden.

Kartoffel-Gözleme mit Cacik

Die Bezeichnung Gözleme verwende ich hier sozusagen auf Zehenspitzen, denn eigentlich müsste man den Teig für echte Gözleme selber machen. Wir gehen hier eine kleine Abkürzung und verwenden fertigen Flammkuchenteig – danke für diese geniale Idee, Yelda!

FÜR 8 STÜCK

Für das Cacik:
150 g Snackgurke
Salz
ca. 20 Minzeblätter
20 g Dill (ca. 5 Stängel)
400 g Sahnejoghurt
1 Knoblauchzehe
2 EL Olivenöl
frisch gemahlener Pfeffer

Für die Gözleme:
500 g Pellkartoffeln vom Vortag
20 g glatte Petersilienblätter (ca. 1 Bund)
2 Frühlingszwiebeln
1 kleine Zwiebel
1 Knoblauchzehe
3 EL Olivenöl
2 gestr. TL getrocknete Minze (Pfefferminztee)
1 gestr. TL Pul Biber
Salz
frisch gemahlener Pfeffer
2 Rollen Flammkuchenteig
(à 260 g; 40 × 24 cm; Kühlregal)
ca. 2 EL weiche Butter

— Für das Cacik die Gurke grob reiben, salzen und in einem Sieb abtropfen lassen. Minze und vier Stängel Dill fein hacken und zum Joghurt geben. Den Knoblauch hineinreiben. Gurke und 1 EL Öl untermischen. Mit Salz und Pfeffer abschmecken. Das Cacik mit restlichem Öl beträufeln, mit Dill garnieren und kalt stellen.

— Für die Gözleme die Kartoffeln pellen und mit einem Kartoffelstampfer zerkleinern. Petersilie und Frühlingszwiebeln fein hacken und zugeben. Zwiebel und Knoblauch fein hacken. Die Zwiebel in etwas Öl glasig anschwitzen. Den Knoblauch 1 Minute mitdünsten. Mit Minze und Pul Biber zu den Kartoffeln geben, alles vermischen und mit Salz und Pfeffer abschmecken.

— Den Teig entrollen, quer und längs halbieren, sodass je vier Rechtecke entstehen. Jedes Rechteck mit einem Achtel der Füllung belegen. Die Ränder etwas über die Füllung schlagen und die Taschen zuklappen, sodass alle Ränder geschlossen sind. Die Taschen sehr flach drücken. Eine beschichtete Pfanne erhitzen und die Gözleme darin ohne Fett pro Seite etwa 3 Minuten backen. Mit Butter bestreichen und warm oder abgekühlt mit dem Cacik servieren.

TIPP

Dazu passen Oliven, Gurken und Tomatensalat. Alternativ zu den Pellkartoffeln 550 g Kartoffeln schälen, würfeln und in Salzwasser garen.

Meine 4 Lieblings-Sommer-Dips

Baguette und Chips, Paprika und Möhrchensticks – alles wird besser mit einem leckeren Dip. Hier eine bunte Auswahl fürs Picknick und Büfett.

Rote-Bete Muhammara

FÜR CA. 600 G

250 g gegarte, vakuumierte Rote Bete
200 g geröstete Paprika (Glas), abgetropft
100 g Walnüsse
1 kleine Scheibe altbackenes Weißbrot (optional)
1 große oder 2 kleine Knoblauchzehen
2 EL Olivenöl
2 EL Granatapfelsirup
2 TL Zitronensaft
1 TL gemahlener Kreuzkümmel
1 Msp. Harissa (alternativ Chiliflocken)
7 g glatte Petersilienblätter (ca. 5 Stängel)
Salz
frisch gemahlener Pfeffer

— Rote Bete, Paprika, Walnüsse, Brot (falls verwendet), Knoblauch, Öl, Granatapfelsirup, Zitronensaft, Kreuzkümmel und Harissa nicht zu fein pürieren. Den Großteil der gehackten Petersilie untermischen und den Dip mit Salz und Pfeffer abschmecken. In eine Schale füllen und mit der restlichen Petersilie bestreuen.

Artischocken-Bohnen-Creme

FÜR CA. 550 G

280 g Artischocken-Viertel in Öl (Glas)
240 g Riesenbohnen (Dose)
1 große Knoblauchzehe
2 EL Tahini
Abrieb von 1 Bio-Zitrone
Salz
frisch gemahlener Pfeffer
1 Prise Chiliflocken
3 Petersilienblätter

— Die Artischocken in einen Mixbecher geben. 2 EL des Artischocken-Öls, Riesenbohnen, Knoblauch, Tahini, die Hälfte des Zitronenabriebs und 70 ml Wasser zugeben und alles fein pürieren. Mit Salz und Pfeffer abschmecken. In eine Schale füllen und mit Zitronenabrieb, Chiliflocken, Petersilie und etwas Öl garnieren.

Greek Goddess Dip

FÜR CA. 200 G

je 12 g Rucola, Petersilien- und
Basilikumblätter
2 Frühlingszwiebeln
100 g Feta
1 Avocado
2 EL Zitronensaft
1 EL Olivenöl
1 TL Dijon-Senf
Salz
frisch gemahlener Pfeffer

— Alle Zutaten in einen Mixbecher geben und mit dem Stabmixer fein pürieren. Mit Salz und Pfeffer abschmecken.

Erdnuss-Ingwer-Creme

FÜR CA. 200 G

1 Stück Ingwer (3 cm)
1 Knoblauchzehe
120 g cremige Erdnussbutter
50 ml Limettensaft
1 EL Sesamöl (ungeröstet;
alternativ neutrales Pflanzenöl)
1–2 TL Ahornsirup
Salz
1 EL Erdnüsse

— Ingwer und Knoblauch schälen und fein hacken. Alle Zutaten bis auf die Erdnüsse in ein Schälchen geben und mit etwa 80 ml Wasser glatt verrühren. Eventuell etwas mehr Wasser zugeben, bis die gewünschte Konsistenz erreicht ist. Die Creme mit Salz abschmecken und mit gehackten Erdnüssen bestreut servieren.

Fladenbrot mit Kichererbsen-Pattys und Gemüse

Für dieses Buch wollte ich mir unbedingt eine schöne Brottasche ausdenken. Herausgekommen ist eine Mischung aus Sabich, einem irakischen beziehungsweise israelischen Streetfood-Snack, und einem Falafel-Sandwich. Der Kräutersalat von S. 14 passt super dazu.

FÜR 4 PORTIONEN

1 Zwiebel
Olivenöl zum Braten
300 g Kichererbsen (Glas)
3 Knoblauchzehen
1 gestr. TL gemahlener Kreuzkümmel
½ TL gemahlener Koriander
½ TL Chiliflocken
50 g Kichererbsenmehl
2 EL Ketchup
40 g Koriander (1 kleines Bund)
2 Frühlingszwiebeln
Salz
frisch gemahlener Pfeffer
200 g Joghurt
10 g Minzeblätter (½ Bund)
70 g Tahini
1 TL Zitronensaft + etwas mehr
4 Snackgurken
2 Tomaten (ca. 300 g)
10 g Petersilienblätter (½ Bund)
1 Aubergine
2 kleine Fladenbrote (ca. 18 cm Ø)

— Für die Pattys die Zwiebel fein hacken und 2 Minuten in etwas Öl anschwitzen. Kichererbsen, fein geriebene Knoblauchzehen, Kreuzkümmel, Koriander und Chiliflocken zugeben und kurz mitbraten. Vom Herd nehmen und die Kichererbsen mit einem Kartoffelstampfer zerdrücken. Die Masse soll noch etwas Struktur haben. Kichererbsenmehl, Ketchup, gehackten Koriander und ein Viertel der sehr fein gehackten Frühlingszwiebeln untermischen. Mit Salz und Pfeffer abschmecken. Zwölf Bällchen formen und leicht flach drücken. Abdecken.

— Für die Creme Joghurt, Minze, Tahini und Zitronensaft fein pürieren. Die restlichen Frühlingszwiebeln untermischen. Mit Salz und Pfeffer würzen und kalt stellen.

— Gurken und Tomaten würfeln (1 cm) und in einer Schüssel mit der gehackten Petersilie mischen. Mit Zitronensaft, Salz und Pfeffer abschmecken. Die Aubergine in 1,5 cm dicke Scheiben und dann in dicke Streifen schneiden. In reichlich Öl goldbraun anbraten. Salzen. Aus der Pfanne nehmen und auf Küchenpapier abtropfen lassen.

— Die Pattys in Öl von beiden Seiten goldbraun anbraten. Vom Herd nehmen. Die Brote nach Belieben erwärmen. Innen mit etwas Tahini-Creme bestreichen und mit Gemüse und Kichererbsen-Pattys füllen. Sofort servieren.

Spanakopita-Taschen

Diese kleinen verführerischen Spinat-Feta-Dreiecke machen sich zwar nicht von selbst, fliegen dafür aber geradezu in den Mund. Zusammen mit der Rote-Bete-Muhammara von S. 124 wird ein toller Picknick-Snack daraus.

FÜR 15–18 STÜCK

Für die Füllung:
3 EL Pinienkerne
500 g Spinat
60 g glatte Petersilie (1 Bund)
30 g Dill (½ Bund)
1 Frühlingszwiebel
1 Zwiebel
3 Knoblauchzehen
Olivenöl zum Braten
1 EL getrockneter Oregano
Abrieb von 1 Bio-Zitrone
Salz
frisch gemahlener Pfeffer
100 g Frischkäse
1 Ei
1 Eiweiß
200 g Feta

Für die Taschen:
5–6 Filoteig-Blätter (Kühlregal; 30 × 30 cm)
Olivenöl zum Bestreichen
1 Eigelb
2 EL Milch
1 EL Schwarzkümmelsamen zum Bestreuen

— Die Pinienkerne in einer Pfanne ohne Fett anrösten, dann hacken. Grobe Stiele vom Spinat entfernen, Blätter hacken. Kräuter fein hacken. Die Frühlingszwiebel in Röllchen schneiden. Zwiebel und Knoblauch fein würfeln.

— Etwas Öl in einer Pfanne erhitzen und die Zwiebel darin glasig anschwitzen. Den Knoblauch kurz mitgaren. Spinat portionsweise zugeben und garen, bis die Flüssigkeit verkocht ist. Petersilie, Dill, Frühlingszwiebel, Oregano, Zitronenabrieb und Pinienkerne untermischen. Die Masse mit Salz und reichlich Pfeffer würzen. Abkühlen lassen.

— Den Frischkäse mit Ei und Eiweiß glatt rühren. Den Feta zerbröseln. Beides zum Spinat geben und untermischen. Den Backofen auf 180 °C (Umluft) vorheizen. Die Teigblätter in drei Streifen (10 × 30 cm) schneiden und mit Öl bestreichen. Dann etwa 2 EL der Füllung am unteren Ende jedes Streifens verteilen. Die linke untere Ecke nach rechts oben schlagen. Nun die eingeschlagene Ecke zuerst nach oben und dann nach links einschlagen. Fortfahren, bis 15–18 Dreiecke entstanden sind. Auf ein mit Backpapier belegtes Backblech legen.

— Das Eigelb mit der Milch verquirlen. Die Taschen damit bestreichen, mit Schwarzkümmel bestreuen und im Ofen in etwa 20 Minuten knusprig backen.

Gegrillte Pfirsiche mit Burrata und Gremolata

Diese kleine Speise wusste ein Weilchen nicht, in welches Kapitel sie gehört. Durch die Cremigkeit von Burrata in Verbindung mit süßen Pfirsichen lehnte sie sich zuerst in Richtung Nachspeise. Das gegrillte Obst zog sie dort aber heraus. Nun ist sie hier. Warum nicht?

FÜR 2 PORTIONEN

Für die Basilikum-Honig-Gremolata:
10 g Basilikumblätter (½ Bund)
5 g Minzeblätter (ca. 3 Stängel)
½ Schalotte
3 EL Olivenöl
Abrieb und 3 TL Saft von ½ Bio-Zitrone
1 TL Honig
1 große Prise Chiliflocken
Salz
frisch gemahlener Pfeffer

Für die Hauptakteure:
2 große Pfirsiche
1 EL Olivenöl
1 große Handvoll Wildkräutersalat (alternativ Rucola)
1 Kugel Burrata
Meersalzflocken
frisch gemahlener Pfeffer

— Für die Gremolata Basilikum, Minze und Schalotte sehr fein hacken und in ein Schälchen geben. Olivenöl, Zitronenabrieb und -saft, Honig und Chiliflocken zugeben und vermischen. Die Gremolata mit Salz und Pfeffer abschmecken und abgedeckt kalt stellen.

— Die Pfirsiche achteln, mit dem Olivenöl bestreichen und auf dem vorgeheizten Grill oder in einer heißen Grillpfanne 1–2 Minuten pro Seite grillen.

— Den Wildkräutersalat auf einem großen Teller verteilen. Die Burrata in die Mitte setzen und die Pfirsichspalten rundum anrichten. Alles mit der Gremolata beträufeln und mit Meersalzflocken und Pfeffer bestreut servieren.

TIPP
Dazu passt knuspriges Röstbrot.

Süß & saftig

Sorbet, Eis, erfrischende Drinks und sommerliche Desserts

Blaubeer-Cheesecake-Popsicles

Dieses erfrischende Rezept ist für alle, die sich im Sommer bei der Wahl des Nachtischs einfach nicht zwischen Kuchen und Eis entscheiden können. Es handelt sich hierbei um schön kühlenden Cheesecake am Stiel, sozusagen.

FÜR CA. 10 STÜCK

Für die Brösel:
9 Butterkekse
3 EL zerlassene Butter

Für die Blaubeerschicht:
500 g TK-Blaubeeren
100 g Zucker
1 EL Saft und 1 TL Abrieb von ½ Bio-Zitrone
10 g Zitronenthymian (2 Zweige; alternativ Thymian)
1 Prise Salz

Für die Cheesecake-Schicht:
150 g Sahne
100 g Doppelrahmfrischkäse (Zimmertemperatur)
100 g gesüßte Kondensmilch
½ EL Saft und 1 TL Abrieb von ½ Bio-Zitrone
1 TL Vanilleextrakt
1 Prise Salz

— Die Butterkekse fein zerbröseln und mit der Butter mischen. Beiseitestellen. Für die Blaubeerschicht 300 g Beeren mit Zucker, Zitronensaft und -abrieb, Zitronenthymian und Salz in einen Topf geben. Aufkochen und köcheln lassen, bis die Beeren beginnen zu platzen. Vom Herd nehmen und pürieren. Die restlichen gefrorenen Beeren untermischen.
— Für die Cheesecake-Schicht die Sahne fast steif schlagen. Den Frischkäse mit Kondensmilch, Zitronensaft und -abrieb, Vanilleextrakt und Salz glatt rühren. Zur Sahne geben und unterheben.
— Zuerst etwa 1 TL von der Blaubeeren-Mischung in Eis-am-Stiel-Förmchen füllen, dann etwas Cheesecake-Masse, dann wieder Blaubeeren und so weiter, bis die Förmchen fast gefüllt sind. Zum Schluss etwas Butterkeksbrösel daraufstreuen und den Stiel in die Mischung stecken. Für mehrere Stunden einfrieren.

TIPP
Wer mag, kann das Eis aus der Form lösen, vor dem Servieren ganz leicht antauen lassen und in Butterkeksbrösel tunken.

Limetten-Mascarpone-Kuchen mit Erdbeeren

Dieser Kuchen hat zwei Gesichter und beide sind hübsch. Lässt man ihm über Nacht Zeit, verliert er etwas Flüssigkeit und gewinnt an Festigkeit. Wenn man ihn nur ein paar Stündchen kühlt, gleicht er mehr einem cremigen Dessert.

FÜR 1 SPRINGFORM (20 CM Ø)

150 g Haferkekse
70 g Butter, zerlassen
400 g gesüßte Kondensmilch
250 g Mascarpone
250 g Doppelrahmfrischkäse
Abrieb und Saft von 4 Bio-Limetten
1 TL Vanilleextrakt
1 Prise Salz
200 g Sahne
1 Päckchen Sahnesteif

Außerdem:
ca. 400 g Erdbeeren
1 EL Puderzucker
ca. 8 Minzeblätter
ca. 7 feine Scheiben und Abrieb von 1 Bio-Limette

— Den Boden der kleinen Springform mit Backpapier belegen. Die Haferkekse im Blitzhacker zu feinen Bröseln zerkleinern. Die Butter untermischen und die Masse auf dem Springformboden verteilen. Festdrücken und die Form in den Kühlschrank stellen.

— Kondensmilch, Mascarpone, Frischkäse, Limettenabrieb und -saft, Vanilleextrakt und Salz glatt rühren. Die Sahne mit Sahnesteif steif schlagen und mit einem Schneebesen unterheben. Die Creme auf dem Keksboden verteilen. Die Backform auf einen mit Küchenpapier belegten Teller stellen und den Kuchen über Nacht im Kühlschrank ruhen lassen. Er verliert in dieser Zeit Flüssigkeit. Das ist durchaus erwünscht, denn dadurch wird er schnittfest.

— Am nächsten Tag die Erdbeeren vierteln und mit dem Puderzucker bestäuben. Die Minzeblätter fein schneiden und untermischen. Den Kuchen mit Limettenscheiben und -abrieb garnieren und mit den Erdbeeren servieren.

Fast klassischer marokkanischer Minztee

Die traditionelle Zubereitung dieses Tees erfordert eigentlich eine besondere Teekanne – und eine hohe Zuckertoleranz. Mein marokkanischer Bekannter verzeiht mir hoffentlich, dass ich sein Rezept angepasst habe. Existenziell ist Gunpowder-Tee mit seinen eingerollten Blättchen.

FÜR CA. 500 ML (4–5 KLEINE TEEGLÄSER)

1 geh. EL Gunpowder-Grüntee (Asia- oder arabischer Lebensmittelladen)
2 geh. EL Zucker
30 g frische Minze (ca. ½ Bund)

Außerdem:
4–5 kleine Stängel Minze für die Gläser

— Im Wasserkocher 1 l Wasser aufkochen. Eine kleine Teekanne mit 250 ml Wasser füllen und damit aufwärmen. Den Tee in einem Topf mit 100 ml kochendem Wasser bedecken, 1 Minute ziehen lassen, dabei nicht rühren! Durch ein Sieb in ein Glas gießen. Diese Tee-Essenz aufheben.

— Die Teeblätter in den Topf zurückgeben, mit 150 ml kochendem Wasser bedecken und 1 Minute ziehen lassen. Den Topf mehrere Male schwenken, um trübe Bestandteile aus den Blättern zu spülen. Diesen Aufguss durch ein Sieb gießen und entsorgen. Dann Tee-Essenz, Teeblätter und restliche 500 ml Wasser in den Topf füllen, den Zucker zugeben. Abgedeckt aufkochen, vom Herd nehmen und verrühren.

— Die Minze einmal »wringen« und in einen zweiten Topf geben. Den Tee durch ein Sieb auf die Minze gießen, diese dabei vollständig bedecken. Abgedeckt 2 Minuten ziehen lassen. Die Teekanne leeren und den Minztee durch ein Sieb hineinfüllen.

— Zum Servieren aus etwa 20 cm Höhe etwas Tee in ein Teeglas füllen, dann wieder in die Kanne gießen. Diesen Schritt des Belüftens noch zweimal wiederholen. Anschließend den Tee erneut aus etwa 20 cm Höhe in die Gläser gießen. Dabei sollte nach Möglichkeit der charakteristische Schaum entstehen. Mit Minze garnieren und sofort servieren.

Kleine Schoko-Minze-Eissandwiches

Diese Häppchen verschwinden nach der Zubereitung meist wie von Zauberhand. Pfefferminzeis mit Schokostückchen gehört zu den Lieblingseissorten meines Mannes und unserer Kinder. Dieses Rezept ist also für euch, meine Süßen!

FÜR CA. 10 STÜCK

Für die Eiscreme:
500 g Sahne
1 Päckchen Vanillezucker
1 Prise Salz
400 g gesüßte Kondensmilch
20 Tropfen Pfefferminzöl (Bioladen)
ca. 4 Tropfen grüne Lebensmittelfarbe (optional)
175 g Zartbitterschokolade

Für die Kekse:
180 g Mehl
35 g Backkakao
½ TL Espressopulver (optional)
1 Msp. Backpulver
1 Msp. Natron
1 Prise Salz
140 g weiche Butter
60 g brauner Zucker
30 g Zucker
1 Päckchen Vanillezucker

— Sahne mit Vanillezucker und Salz steif schlagen. Kondensmilch, Minzöl und nach Belieben Lebensmittelfarbe verrühren und untermischen. Die gehackte Schokolade unterheben. Ein bis zwei Frischhaltedosen mit Frischhaltefolie auskleiden und die Masse einfüllen (etwa 2,5 cm hoch). Für 6 Stunden ins Gefrierfach stellen.

— Für die Kekse Mehl, Kakao, nach Belieben Espresso, Backpulver, Natron und Salz vermischen. Die Butter mit Zuckersorten und Vanillezucker 4 Minuten schlagen. Die Mehlmischung unterrühren und den Teig zu einer Scheibe formen. Abgedeckt für 1 Stunde kalt stellen.

— Den Backofen auf 175 °C (Ober-/Unterhitze) vorheizen und zwei Bleche mit Backpapier belegen. Den Teig zwischen zwei Lagen Backpapier 4–5 mm dünn ausrollen. 20 Kreise (7 cm Ø) ausstechen, auf den Blechen verteilen und mit einem Spieß ein paarmal einstechen. Dann 10 Minuten backen und auskühlen lassen.

— Mit einem Ausstecher (7–8 cm Ø) zehn Scheiben aus der Eiscreme stechen. Aus je einer Portion Eis und zwei Keksen ein Sandwich formen und im Gefrierfach aufbewahren. Aus den Eiscremeresten mithilfe der Frischhaltefolie die letzte Scheibe formen.

TIPP

Falls kein Pfefferminzöl zur Hand ist, 1 Handvoll Minzeblätter mit der Kondensmilch pürieren und durch ein Sieb streichen. Wie gehabt weiterverarbeiten.

Frozen Yogurt mit Walnuss-Dukkah und Feigen

Im letzten Griechenland-Urlaub konnte ich nicht genug bekommen von wunderbar cremigem Joghurt mit Walnüssen und Honig. Das klassische griechische Frühstückstrio stand für diesen leckeren Schmaus Pate.

FÜR 4 PORTIONEN

Für den Frozen Yogurt:
500 g Sahnejoghurt
80 g flüssiger Honig
1 EL Vanilleextrakt
1 ordentliche Prise Salz

Für das Dukkah:
50 g Walnüsse
20 g Sesam
3 Kardamomkapseln
½ TL Fenchelsamen
½ TL Zimt
1 TL Rohrohrzucker
1 Prise Salz

Außerdem:
4 Feigen
Honig zum Beträufeln (optional)

— Für den Frozen Yogurt alle Zutaten in eine Rührschüssel geben und mit einem Schneebesen luftig aufschlagen. In eine Frischhaltedose gießen und für 45 Minuten einfrieren. Mit einem Schneebesen oder einem Stabmixer aufschlagen. Für weitere 2–3 Stunden einfrieren, dabei alle 30 Minuten aufmixen. Die Konsistenz sollte in etwa die von Softeis sein, also nicht mehr flüssig, aber auch nicht fest.

— Für das Dukkah die Walnüsse hacken und mit dem Sesam in einer Pfanne ohne Fett anrösten. Vom Herd nehmen. Kardamomkapseln öffnen und die Samen mit den Fenchelsamen in einem Mörser zerstoßen. Zimt, Zucker und Salz unterrühren. Mit Walnüssen und Sesam mischen.

— Die Feigen in Spalten schneiden. Den Frozen Yogurt in Schälchen geben, mit Dukkah bestreuen und die Feigen dazugeben. Nach Belieben mit etwas Honig beträufeln und sofort servieren.

TIPP

Ist der Frozen Yogurt länger im Gefrierfach, sollte er vor dem Servieren bei Zimmertemperatur etwa 20 Minuten antauen.

Aprikosen-Kaltschale mit Verbene und Mandel-Granola

Zitronen- und Orangenverbene bekommt man im Gartencenter. Am besten pflanzt man das hübsche und unkomplizierte Kraut an eine sonnige Stelle im Garten oder stellt es in den Blumenkasten vors Fenster, so hat man lange Freude dran.

FÜR 2–4 PORTIONEN

Für die Kaltschale:
500 g reife Aprikosen
½ Bio-Zitrone
10 große Zitronenverbenen-Blätter (alternativ Zitronenmelisse)
100 g Rohrohrzucker

Für das Granola:
50 g kernige Haferflocken
25 g Mandelblättchen
1 EL Ahornsirup
1 Msp. Zimt
1 Prise Salz

Außerdem:
4–6 EL cremiger Joghurt
2–4 Zitronenverbenen-Blätter

— Die Aprikosen vierteln und in eine Schüssel geben. Mit einem Sparschäler zwei Streifen der Zitronenschale abschneiden und 1 EL Saft auspressen. Diesen unter die Aprikosen mischen. Verbene, Zitronenschale und 200 ml Wasser in einem Topf aufkochen und abgedeckt 10 Minuten köcheln lassen. Den Verbenentee durch ein Sieb in ein Glas gießen.

— Die Aprikosen mit dem Zucker in den Topf geben und erhitzen, bis sich der Zucker aufgelöst hat und leicht karamellisiert. Dann 2 EL der Früchte entnehmen und kalt stellen. Den Verbenentee zugeben und alles 2–3 Minuten köcheln, bis die Früchte weich sind. Vom Herd nehmen, pürieren und abkühlen lassen. Im Kühlschrank vollständig erkalten lassen.

— Für das Granola alle Zutaten mit ½ EL Wasser vermischen und in einer Pfanne bei mittlerer Hitze unter Rühren etwa 12 Minuten rösten. Vom Herd nehmen und abkühlen lassen. Die Kaltschale in Schälchen gießen. Einen Klecks Joghurt, etwas Granola und restliche Früchte daraufgeben. Verbenenblättchen darüberstreuen.

TIPP

Aprikosen können manchmal leider etwas bitter schmecken, also unbedingt vorher probieren, ob sie auch schön süß sind!

Gin Tonic mit Wildberry-Sirup

Ich dachte, Gin Tonic mit Gurke sei das Nonplusultra, besser ginge es nicht – supersimpel, superlecker. Bis dieser köstliche Sirup um die Ecke kam und der Gurke den Rang streitig machte. Beim Nachschlagen des Wortes »süffig« sollte ein Bild dieses Getränks aufploppen.

FÜR 2 PORTIONEN

Für den Beeren-Rosmarin-Sirup:
100 g Brombeeren
100 g Himbeeren
60 g Zucker
5 g Rosmarin (1 Zweig)
1 Streifen Bio-Zitronenschale

Für den Gin Tonic:
6 cl Gin
4 cl Beeren-Rosmarin-Sirup (s.o.)
2 cl Zitronensaft
mind. 6 Eiswürfel
ca. 200 ml Tonicwater

Außerdem:
10 g Rosmarin (2 Zweige)
4 frische Beeren (optional)
2 Bio-Limettenspalten (optional)

— Für den Sirup alle Zutaten mit 60 ml Wasser in einen Topf geben und zum Kochen bringen. Die Hitze reduzieren und alles 8 Minuten köcheln lassen. Durch ein feines Sieb passieren und kalt stellen.

— Für den Drink Gin, Sirup und Zitronensaft auf zwei Gläser aufteilen. Jeweils mindestens drei Eiswürfel zugeben und mit Tonicwater auffüllen. Mit je einem Rosmarinzweig garniert servieren. Wer mag, kann außerdem noch frische Beeren und Limettenspalten zugeben.

Faloodeh mit Sauerkirschsirup

Ob Kirschkernweitspucken oder Kirschpärchen als Ohrschmuck: Die Früchtchen verstehen es, uns fröhlich zu stimmen. Damit das Entsteinen die gute Laune nicht trübt, hier der Trick: mit dem Ende einer Sicherheitsnadel in die Kirsche stechen und den Stein heraushebeln.

FÜR 4 PORTIONEN

Für das Faloodeh:
170 g Zucker
2 Streifen Bio-Limettenschale
2 Prisen Salz
2 EL Limettensaft (1–2 Limetten)
2 EL Rosenwasser
150 g Glasnudeln (Vermicelli)

Für den Sauerkirschsirup:
300 g Sauerkirschen
(TK oder frisch und entsteint)
120 g Zucker

Außerdem:
4 Bio-Limettenspalten
8 Minzeblätter

— Für das Faloodeh den Zucker mit 250 ml Wasser in einem Topf aufkochen und 5 Minuten köcheln lassen. Vom Herd nehmen, Limettenschale und Salz zugeben und den Sirup abkühlen lassen. Dann Limettensaft und Rosenwasser zugeben und den Limetten-Rosen-Sirup in einer Frischhaltedose für 1 Stunde ins Gefrierfach stellen.

— Inzwischen für den Sauerkirschsirup Kirschen, Zucker und 150 ml Wasser in einem Topf aufkochen und 20–30 Minuten köcheln, bis ein Sirup entsteht. Abkühlen lassen und im Kühlschrank aufbewahren.

— Die Glasnudeln etwas länger als nach der Packungsanweisung garen. Sie sollten gut durch sein, damit sie im gefrorenen Zustand nicht zäh werden. Abgießen, kalt abschrecken, abtropfen lassen und in 2 cm lange Stücke schneiden. Limetten-Rosen-Sirup aus dem Gefrierfach nehmen, durchmischen und die Nudeln unterheben. Alles für weitere 2–3 Stunden ins Gefrierfach stellen, dabei stündlich durchrühren.

— Das Faloodeh in Schälchen geben und mit etwas Kirschsirup beträufeln. Dabei einige Kirschen daraufgeben. Mit Limettenspalten und Minze garniert servieren.

ALCOA

Meine 4 Lieblingssorbets

So sehr ich manchmal ein cremiges Eis mag, ziehe ich an sehr heißen Tagen doch Sorbet vor, weil es kein oder kaum Fett enthält und den Körper weniger beschwert. Hier vier hübsche Geschmacksrichtungen.

Honigmelonen-Gurken-Sorbet

FÜR CA. 6 PORTIONEN

60 g Zucker
250 g Snackgurken
400 g Honigmelonenfruchtfleisch, in Stücke geschnitten
Abrieb und Saft von 1 Bio-Limette
8 Basilikumblätter

— Zucker und 60 ml Wasser aufkochen und 4 Minuten köcheln. Vom Herd nehmen. Die Gurken schälen und etwas klein schneiden. Mit Melone, Limettenabrieb und -saft, Basilikum und Sirup fein pürieren. In einer Frischhaltedose ins Gefrierfach stellen. Nach 1 Stunde Gefrorenes von den Dosenwänden streifen und die Masse pürieren. Diesen Vorgang stündlich wiederholen. Nach 3–4 Stunden ist das Sorbet fertig. Sollte es länger eingefroren werden, vor dem Servieren 20 Minuten antauen lassen. Pur servieren oder eine Kugel in ein Glas geben und mit Zitronenlimonade auffüllen. Oder mit Gin, wieso nicht?

Himbeer-Spritz-Sorbet

FÜR CA. 6 PORTIONEN

150 g Zucker
200 ml Roséwein
120 ml Aperol
500 g TK-Himbeeren

— Zucker und 150 ml Wasser aufkochen und 5 Minuten köcheln. Vom Herd nehmen und abkühlen lassen. Mit restlichen Zutaten pürieren. Nach Belieben durch ein Sieb streichen. In einer Frischhaltedose ins Gefrierfach stellen. Nach 1 Stunde Gefrorenes von den Dosenwänden streifen und die Masse pürieren. Diesen Vorgang stündlich wiederholen. Nach 3–4 Stunden ist das Sorbet fertig. Sollte es länger eingefroren werden, vor dem Servieren 20 Minuten antauen lassen. Pur servieren oder eine Kugel in ein Glas geben und mit Prosecco auffüllen.

Erdbeer-Johannisbeer-Sorbet

FÜR CA. 4 PORTIONEN

400 g Erdbeeren
150 g rote Johannisbeeren
120 g Zucker
1 EL Zitronensaft
8 Zitronenmelisse-Blätter

— Erdbeeren je nach Größe halbieren oder vierteln. Johannisbeeren von den Rispen streifen und mit Zucker, Zitronensaft und Erdbeeren aufkochen und 5 Minuten köcheln. Pürieren, durch ein Sieb streichen und abkühlen lassen. Vier Zitronenmelisse-Blätter hacken, zugeben und alles erneut fein pürieren. Die restliche Melisse sehr fein hacken und untermischen. Die Masse in einer Frischhaltedose ins Gefrierfach stellen. Nach 1 Stunde Gefrorenes von den Dosenwänden streifen und die Masse pürieren. Diesen Vorgang stündlich wiederholen. Nach 3–4 Stunden ist das Sorbet fertig. Sollte es länger eingefroren werden, vor dem Servieren 20 Minuten antauen lassen. Pur servieren oder eine Kugel mit 2 cl Campari in ein Glas geben und mit 6 cl Prosecco auffüllen. Alkoholfrei wird's mit Bitter Lemon.

Mandelsorbet

FÜR CA. 6 PORTIONEN

200 g Zucker
500 ml Mandelmilch
Abrieb und Saft von ½ Bio-Zitrone
1 TL Mandel-Extrakt (bei Bittermandelaroma reichen ein paar Tropfen)

— Zucker und 300 ml Wasser aufkochen und 5 Minuten köcheln. Vom Herd nehmen und abkühlen lassen. Restliche Zutaten zugeben und die Mischung in einer Frischhaltedose ins Gefrierfach stellen. Nach 1 Stunde Gefrorenes von den Dosenwänden streifen und die Masse mit einem Stabmixer pürieren. Diesen Vorgang stündlich wiederholen. Nach 3–4 Stunden ist das Sorbet fertig. Sollte es länger eingefroren werden, vor dem Servieren 20 Minuten antauen lassen.

Prickelnde Zitronengras-Ingwer-Limo

Ingwer scheint aufgrund seiner Schärfe für heiße Sommertage auf den ersten Blick eine ungewöhnliche Zutat zu sein. Doch er bringt hervorragend den Stoffwechsel auf Trab und sein frischer Geschmack weckt hitzemüde Lebensgeister.

FÜR CA. 450 ML SIRUP BZW. 1 L LIMO

30 g Ingwer
3 Stängel Zitronengras
100 g Zucker
12 g Minzeblätter (ca. ½ Bund)
Saft von je 1 Zitrone und Limette

Außerdem:
1 Bio-Zitrone
1 Bio-Limette
ca. 10 Eiswürfel
ca. 500 ml Sprudelwasser
8 Minzeblätter (optional)

— Den Ingwer waschen und ungeschält fein würfeln. Das Zitronengras sehr fein schneiden. Beides mit Zucker und 450 ml Wasser in einem Topf aufkochen, 3 Minuten köcheln. Vom Herd nehmen und 30 Minuten ziehen lassen. Durch ein Sieb in ein sauberes Gefäß gießen. Ingwer und Zitronengras entsorgen, den Sirup abkühlen lassen.

— Die Minze mit dem Zitronen- und Limettensaft fein pürieren und durch ein Sieb zum Ingwersirup geben. Zum Servieren die Zitrone und die Limette in Scheiben schneiden. Eiswürfel und Zitrusscheiben in Gläser füllen. Den Sirup 1:1 mit Sprudelwasser verdünnen und daraufgießen. Nach Belieben das Ganze mit Minze garnieren.

Wassermelonengelee mit Pistazien und Schokolade

Dieser Nachtisch entstand in Anlehnung an sizilianisches Wassermelonengelee. Während das Vorbild mit Speisestärke angedickt wird, habe ich mich hier für Agartine entschieden. Sie ermöglicht, dass nur ein Teil des Wassermelonensaftes erhitzt werden muss, was zu einem etwas erfrischenderen Geschmack führt.

FÜR 4 PORTIONEN

ca. 1 kg reife, süße Wassermelone
50 g Zucker
Saft von 1 Limette
2 TL Rosenwasser
15 g Agartine
40 g Pistazienkerne
40 g Zartbitterschokolade

— Vier Schälchen oder Gläser bereitstellen. Die Wassermelone schälen, fein pürieren und durch ein Sieb in einen Messbecher gießen. Es werden 500 ml Saft benötigt. Davon 400 ml mit Zucker, Limettensaft und Rosenwasser verrühren, bis der Zucker aufgelöst ist.

— Die restlichen 100 ml Saft mit der Agartine in einen Topf geben, glatt rühren und 2 Minuten sprudelnd kochen lassen. Vom Herd nehmen und die Saftmischung unter Rühren hinzugeben. In Schälchen oder Gläser füllen und in 1–3 Stunden im Kühlschrank fest werden lassen.

— Pistazien und Schokolade hacken. Das Gelee, wenn Schälchen verwendet wurden, auf Teller stürzen und mit Pistazien und Schokolade bestreuen. Wenn es in Gläsern ist, die Kerne und die Schokolade einfach vor dem Servieren darüberstreuen.

TIPP

Wer echten Jasmin im Garten hat, kann den Wassermelonensaft auch mit 1 Handvoll Blüten aromatisieren (über Nacht im Kühlschrank ziehen lassen, danach abseihen). Das entspricht geschmacklich dem sizilianischen Original.

Salty Lassi

Mango-Lassi erfreut sich schon seit Langem bei uns großer Beliebtheit, denn er ist köstlich und erfrischend zugleich. An extrem heißen Tagen aber, wenn es darum geht, den Elektrolyte-Haushalt aufzupäppeln, macht bei mir dieser aromatische salzige Lassi das Rennen.

FÜR 2 PORTIONEN

250 g Naturjoghurt
½ TL gemahlener Kreuzkümmel
½ TL Chaat Masala (indischer Lebensmittelladen)
½ TL Salz
ca. 2 g Korianderblätter (1–2 Stängel; alternativ glatte Petersilie) + etwas mehr
ca. 2 g Minzeblätter (1–2 Stängel) + etwas mehr
300–350 ml eiskaltes Wasser

Außerdem:
ca. 8 Eiswürfel (optional)
2 Prisen frisch gemahlener Pfeffer

— Den Joghurt mit Kreuzkümmel, Chaat Masala, Salz, Koriander, Minze und 100 ml Wasser in einen hohen Mixbecher geben. Mit dem Stabmixer schaumig pürieren. Je nach Geschmack weitere 200–250 ml kaltes Wasser unterrühren.

— Den Lassi in zwei Gläser füllen. Wer es gerne sehr kalt mag, kann einige Eiswürfel zugeben. Pro Portion mit einer Prise Pfeffer bestreuen. Mit Koriander und Minze garnieren und sofort servieren.

TIPP

Chaat Masala schmeckt säuerlich erfrischend, was Mangopulver (Amchur) zu verdanken ist, und passt ebenso wunderbar zu Kichererbsengerichten und Kartoffelsalaten. Man kann es auch selbst machen: 2 TL Kreuzkümmelsamen, je 1 TL Pfefferkörner, Fenchel- und Koriandersamen in einer Pfanne anrösten und im Mörser mahlen. Mit 2 TL Salz und je 1 TL Chili-, Ingwer-, Mangopulver und Garam Masala vermischen.

Grüner Smoothie mit Kokoswasser

Der Kokosnuss werden lebensrettende Fähigkeiten nachgesagt: Strandete man auf einer Insel, könne man eine Weile allein von dieser Wunderfrucht leben. Das Fruchtfleisch macht satt, das Wasser ist eine Wohltat für den Flüssigkeitshaushalt. Perfekt an heißen Tagen.

FÜR 1–2 PORTIONEN

200 ml Kokoswasser (nicht Kokosmilch!)
120 g Mangofruchtfleisch
50 g Babyspinat
½ Banane
½ Orange
2 TL Limettensaft + etwas mehr
1 TL Chiasamen (optional)

— Kokoswasser, Mango und Spinat in einen hohen Mixbecher geben und mit einem Stabmixer cremig pürieren. Die Banane und die Orange schälen und mit Limettensaft und nach Belieben Chiasamen zugeben. Alles erneut pürieren und mit Limettensaft abschmecken. Den grünen Smoothie in Gläser füllen und sofort genießen.

Frappé – griechischer Eiskaffee

In Zeiten, in denen sich viele im Barista-Dasein üben, vermittelt der mit Instant-Kaffee zubereitete griechische Frappé eine Gelassenheit, die mich schmunzeln lässt. Außerdem knüpfe ich viele Urlaubserinnerungen an ihn, daher versüßt mir dieser straighte Eiskaffee heiße Tage.

FÜR 2 PORTIONEN

2 EL brauner Zucker
2 EL Instant-Kaffeepulver
50–100 ml eiskaltes Wasser
mind. 6 Eiswürfel
50–100 ml Milch

— In zwei hohe schmale Gläser je die Hälfte des Zuckers und des Kaffees geben. Mit jeweils 2 EL Wasser bedecken und mit einem leistungsstarken Milchaufschäumer-Stab aufschäumen, bis die Masse hellbraun und sehr dick ist.

— Mindestens drei Eiswürfel in jedes Glas geben, dann mit restlichem Wasser und der Milch auffüllen (ich mag meinen Frappé gerne mit 50 ml Wasser und 50 ml Milch pro Portion). Einen plastikfreien Strohhalm ins Glas stecken und mit dem Frappé zum Strand spazieren.

TIPP

Durch den hohen Koffeingehalt ist Frappé nichts für schwache Nerven beziehungsweise Herzen, also mit Bedacht genießen.

Stay Fresh

ODER: WAS BRINGT ERHITZTE GEMÜTER SONST NOCH RUNTER?

Leichte Gerichte, die den Körper nicht belasten, Kannen voll leckerer Getränke, eine scharfe Speise für den Schwitz-und-abkühl-Moment und hier und da ein kleines Eis – diese Tricks helfen, wenn der Sommer brutzelt wie verrückt. Aber womit können wir uns noch erfrischen?

Ein weiteres Mal schaue ich mir etwas von anderen Ländern ab. Beim Anziehen wird der erste Unterschied deutlich: Im Gegensatz zu dem in unseren Breitengraden vertretenen Motto »Weniger ist mehr« begegnet uns in heißen Gegenden tendenziell lange, lockere Kleidung aus natürlichen Materialien wie Baumwolle, Seide oder Leinen. So umwehen die weit geschnittenen Stoffe unseren Körper bei jeder Bewegung und kühlen ihn dadurch sanft ab. Bei längeren Aufenthalten draußen sorgt ein Hut für Schutz vor Überhitzung des Kopfes.

In vollen Bahnen oder Veranstaltungsräumen, in denen kein Lüftchen weht, Gold wert: ein Fächer. Wer auf Hitze mit Kopfschmerz reagiert, kann Eukalyptusöl auf die Schläfen tupfen. Der kühlende Effekt wirkt zwar nur punktuell, kann aber trotzdem kleine Verspannungen lösen. Auch Zitrone und Minze tun gut. Sie kühlen zwar nicht, aber bringen frischen Wind in die Gedanken. Bei trockener Hitze erfrischt es wunderbar, das Gesicht mit Wasser aus einer Sprühflasche zu benetzen: Die feinen Tröpfchen verdunsten und kühlen dadurch die Haut. Es hilft ebenso, kaltes Wasser über die Unterarme, besonders die Handgelenke laufen zu lassen. Die Adern sind hier nur von einer dünnen Hautschicht bedeckt und das im Körper zirkulierende Blut wird abgekühlt.

Nicht zuletzt hilft es, den Tagesablauf so zu planen, dass in den heißesten Phasen keine anstrengenden Arbeiten erledigt werden. Zwar heißt Siesta auch in Spanien nicht, dass alle von 14 bis 17 Uhr schlafen, aber der Grundgedanke, die Mittagszeit ruhig zu verbringen, ist sinnvoll. Sei es, indem man einen Schwimmbadbesuch einplant oder in der Zeit die Füße in eine Wanne mit kühlem Wasser taucht. Dazu ein leichtes Gericht, ein leckeres Getränk und die Sonne brutzelt schon ein bisschen weniger.

STAY FRESH – TOP FIVE

1. **Lockere Kleidung aus natürlichem Material**
2. **Wasser-Sprühflasche**
3. **Kühles Handgelenkbad**
4. **Fächer**
5. **Frische Aromen wie Eukalyptusöl**

Agua fresca mit Hibiskusblüten

Sowohl in Mexiko als auch in Ägypten sind Hibiskusblüten ein beliebter Bestandteil von erfrischenden Getränken. Während man mexikanische Agua fresca gekühlt trinkt, wird der ägyptische Tee sowohl kalt als auch warm serviert.

FÜR CA. 1 L

ca. 120 g Zucker
25 g getrocknete Hibiskusblüten
2 Streifen Bio-Orangenschale
2 Streifen Bio-Limettenschale

Außerdem:
ca. 500 ml Sprudel- oder stilles Wasser
ca. 8 Eiswürfel
1 Bio-Limette
20 g Rosmarin (4 Zweige)

— In einem Topf Zucker, Hibiskusblüten, Orangen- und Limettenschale mit 1 l Wasser vermischen, zum Kochen bringen und 30 Minuten köcheln lassen. Durch ein Sieb in ein sauberes Gefäß gießen und abkühlen lassen.

— Die Hibiskus-Essenz im Verhältnis 1:1 mit Sprudel- oder stillem Wasser verdünnen. Eventuell mit mehr Zucker abschmecken. Mit Eiswürfeln in Gläser geben. Die Limette in Scheiben schneiden und das Agua fresca mit je einem Rosmarinzweig und ein bis zwei Limettenscheiben garniert servieren.

TIPP

Die Hibiskusblüten schmecken lecker fruchtig und können nach dem Kochen für die Agua fresca in Salaten (z. B. Couscous-Salat, S. 21) oder Desserts weiterverwendet werden.

Zitronen-Earl-Grey-Granita

Granita klingt irgendwie schick, aber seien wir ehrlich: Es handelt sich hier um Kratzeis für Erwachsene. Im ungefrorenen Zustand und mit ein paar Eiswürfeln ist die Mischung übrigens der perfekte Eistee.

FÜR CA. 6 PORTIONEN

4 Beutel Earl-Grey-Tee
2 Streifen Bio-Orangenschale
130 g Honig
Abrieb von 1 Bio-Zitrone
80 ml Zitronensaft

Außerdem:
Zesten von je 1 Bio-Zitrone und Bio-Orange zum Garnieren

— In einem Topf 750 ml Wasser zum Kochen bringen. Teebeutel und Orangenschale hinzufügen und 10 Minuten ziehen lassen. Anschließend beides wieder entfernen, dann Honig, Zitronenabrieb und -saft unterrühren und alles vollständig abkühlen lassen.

— Die Mischung in eine flache Auflaufform füllen und für insgesamt etwa 4 Stunden ins Gefrierfach stellen. Dabei die Masse stündlich mit einer Gabel aufkratzen und dadurch die kleinen Eiskristalle lösen. Nicht mixen, sonst wird die Konsistenz eher sorbetähnlich. Nach dem vierten Kratzen ist die Granita fertig und kann in Gläser gefüllt werden. Mit Zitruszesten garnieren und sofort servieren. Die Granita kann etwa 3 Tage im Tiefkühlfach aufbewahrt werden.

Geeiste Himbeer-Kokos-Riegel

Seit wir Kinder haben, haben wir auch Fruchtriegel im Haus. Als kleines Nachmittags-Naschi, das nicht nur heiß begehrten Zucker enthält, sondern auch ein paar gesunde Nährstoffe. Dies ist die Sommerversion unserer selbst gemachten Riegel.

FÜR 10-12 STÜCK

250 g Cashewkerne
100 g gemahlene Mandeln
50 g Kokosraspel
150 g Soft-Datteln, entsteint
200 g cremige Kokosmilch (Dose; ungesüßt)
3 EL Ahornsirup
1 TL Vanilleextrakt
3 EL Limettensaft
150 g TK-Himbeeren (unaufgetaut)
2 EL Zucker
12 g gefriergetrocknete Himbeeren
Abrieb von 1 Bio-Limette

Außerdem:
2 EL gefriergetrocknete Himbeeren
2 EL Kokosraspel

— Eine quadratische Auflauf- oder Backform (20 × 20 cm) mit Frischhaltefolie auslegen. Die Cashewkerne 10 Minuten in heißem Wasser einweichen. Inzwischen Mandeln, Kokosraspel und Datteln im Blitzhacker pulsierend zu einer klebrigen Masse verarbeiten. In die vorbereitete Form füllen und gleichmäßig festdrücken. Ins Gefrierfach stellen.

— Die Cashews abgießen und abtropfen lassen. Davon 150 g in den Blitzhacker geben und mit 100 g Kokosmilch, Ahornsirup, Vanilleextrakt und 2 EL Limettensaft cremig pürieren. Auf den Mandelboden streichen und die Form für 30 Minuten ins Gefrierfach stellen.

— Die gefrorenen Himbeeren mit Zucker, restlichen Cashewkernen, übriger Kokosmilch, gefriergetrockneten Himbeeren, restlichem Limettensaft und Limettenabrieb in den Blitzhacker geben und sehr fein pürieren.

— Die Masse auf die helle Schicht in der Form streichen. Ein paar gefriergetrocknete Himbeeren zerbröseln und mit Kokosraspeln auf die Creme streuen. Alles mindestens 1 Stunde einfrieren, in zehn bis zwölf Riegel schneiden und gleich servieren. Die Riegel alternativ in einer Frischhaltedose im Gefrierfach aufbewahren und vor dem Servieren antauen lassen, damit sie etwas weicher werden.

Sonnige Mango-Maracuja-Margarita

Wenn der letzte richtig heiße Sommertag (oder das Kochbuchschreiben) zu Ende geht, ist das ein bisschen schön und ein bisschen schade. Auf jeden Fall ist es aber ein Grund anzustoßen. Warum nicht mit dem sonnigsten aller Drinks? Cheers, auf den Sommer!

FÜR 2 PORTIONEN

250 g TK-Mangowürfel
2 Maracujas
5 cl Orangensaft
5 cl weißer Tequila
4 cl Cointreau
4 cl frisch gepresster Limettensaft
2 cl Agavendicksaft

Außerdem:
1 EL Limettensaft
1 EL Salz (alternativ Zucker)
ca. 4 Minzeblätter

— Die Mangowürfel 10 Minuten antauen lassen. Inzwischen den Rand der Cocktailgläser in Limettensaft und dann, je nach Wunsch, in Salz oder Zucker tauchen und trocknen lassen.

— Das Fruchtfleisch der Maracujas durch ein feines Sieb streichen und anschließend mit Mango, Orangensaft, Tequila, Cointreau, Limettensaft und Agavendicksaft in einen Mixer geben und pürieren. In die Gläser gießen und mit Minze garniert servieren.

TIPP
Wer keine frischen Maracujas hat, kann stattdessen auch einfach 4–5 cl Maracujasaft verwenden.

AGNES PRUS liebt die milden Abendstunden des Sommers und gesellige Runden im Garten mit Tapas, Meze und Co. Sie lebt in Köln, entwickelt Rezepte für Bücher, Printmagazine und Websites und arbeitet als Foodstylistin. Zuletzt erschien bei DuMont ihr Kochbuch »Nachmittags«.

YELDA YILMAZ ist studierte Fotografin und arbeitet in Hamburg als Freelancerin für diverse Magazine. Sie hat bereits mehrere Kochbücher verfasst, bietet Koch- und Backkurse und verleiht »Hitzefrei« mit ihren Fotos das perfekte Sommerfeeling. 2025 erscheint bei DuMont ihr Kochbuch »Sofra. Die neue türkische Gemüseküche«.

Das bei der Produktion dieses Buches entstandene CO_2 wurde durch die Finanzierung von Klimaschutzprojekten kompensiert: climate-id.com/11551-2110-1001/de

1. Auflage 2025

Amsterdamer Straße 192, 50735 Köln
info@dumont-buchverlag.de

Texte und Rezepte: Agnes Prus
Fotografie und Foodstyling: Yelda Yilmaz
Verlagskoordination: Katrin Nick
Lektorat: Franziska Sorgenfrei
Gesamtgestaltung und Illustrationen: Stefanie Wawer
Reproduktionen: PPP Pre Print Partner, Köln
Druck und Bindung: Print Consult, München

Printed in Slovakia
ISBN 978-3-8321-6946-6
www.dumont-buchverlag.de